Núcleo de Catequese Paulinas – Nucap

Iniciação à Vida Cristã

7-8 anos

Livro do Catequista

Paulinas

Dados Internacionais de Catalogação na Publicação (CIP)
(Câmara Brasileira do Livro, SP, Brasil)

Iniciação à vida cristã : 7-8 anos : livro do catequista / Núcleo de Catequese Paulinas - NUCAP. – São Paulo : Paulinas, 2016. – (Coleção água e espírito)

Bibliografia
ISBN 978-85-356-4161-5

1. Catequese - Igreja Católica - Ensino bíblico 2. Catequistas - Educação 3. Educação religiosa da criança 4. Fé 5. Vida cristã I. Núcleo de Catequese Paulinas - NUCAP. II. Série.

16-06449 CDD-268.432

Índice para catálogo sistemático:

1. Catequese para crianças : Cristianismo : Livro do catequizando 268.432

Direção-geral: *Bernadete Boff*
Editores responsáveis: *Vera Ivanise Bombonatto e Antonio Francisco Lelo*
Copidesque: *Monica Elaine G. S. da Costa*
Coordenação de revisão: *Marina Mendonça*
Revisão: *Ana Cecilia Mari*
Gerente de produção: *Felício Calegaro Neto*
Capa e editoração eletrônica: *Manuel Rebelato Miramontes*
Ilustração de capa: *Jotáh*

1ª edição – 2016
7ª reimpressão – 2025

Cadastre-se e receba nossas informações
paulinas.com.br
Telemarketing e SAC: 0800-7010081

Paulinas

Rua Dona Inácia Uchoa, 62
04110-020 – São Paulo – SP (Brasil)
(11) 2125-3500
editora@paulinas.com.br

"A infância constitui o tempo da primeira socialização, da educação humana e cristã na família, na escola e na comunidade. É preciso considerá-la como uma etapa decisiva para o futuro da fé, pois nela, através do Batismo e da educação familiar, a criança inicia sua iniciação cristã" (*Diretório Nacional de Catequese*, n. 199).

Sumário

Apresentação

Torna-se necessário proporcionar experiências que animem as crianças, desde sua mais tenra idade, a iniciar a caminhada de fé na vida da comunidade, a acompanhar o processo de amadurecimento da fé e a formar a consciência cristã no seu modo de pensar e de agir.

É sabido que o desejo de orientá-las é o ponto inicial para que os catequistas se sintam motivados a aprofundar o seu conhecimento sobre o modo como a iniciação das crianças de 7-8 anos acontece. Torna-se indispensável desenvolver competências de ordem pedagógica e catequética para o bom acompanhamento do grupo na caminhada de fé e para apoiar o catequista a fim de que ele possa com segurança desenvolver seu trabalho. Estes são os principais objetivos deste subsídio.

Não basta somente *boa vontade*; há de se garantir uma postura de estudo e de reflexão da própria prática, porque é fundamental a construção do planejamento da ação catequética para que o trabalho adquira identidade e sejam superados a desorganização, os improvisos e a falta de objetivos claros a serem atingidos.

Vivemos uma realidade na qual as novas gerações precisam ser acompanhadas para que reflitam o Evangelho e tenham atitudes que expressem princípios como honestidade, respeito e amor, elementos imprescindíveis para o desenvolvimento da sua identidade humana e cristã. Mas como ajudar a criança a fazer a experiência de fé para despertar tal consciência?

O método deste livro não se resume em pedir para as crianças colorirem e ficarem apenas ocupadas. Muito mais que isto, ao preparar o encontro, o catequista encontrará uma proposta de trabalho que valoriza e respeita suas descobertas religiosas. Seguindo o estilo catecumenal, apresentamos um itinerário catequético para crianças de 7 a 8 anos, com linguagem dinâmica, interativa e lúdica. Este livro auxilia a criança a descobrir o plano salvador de Deus e a reconhecer a ação dele em sua vida, para que experiencie a graça de Deus nas várias dimensões de sua vida e dê seus primeiros passos no conhecimento do Evangelho.

O *Livro do catequizando e da família* será utilizado no momento da vivência do encontro e traz atividades complementares. Nele, também o catequista encontrará orientações para ajudar a família a retomar o encontro em casa, de modo que ela possa acompanhar o processo de crescimento do seu filho na fé.

O processo da iniciação cristã

A CRIANÇA COM 7-8 ANOS

Quem são os nossos catequizandos? Quais são as suas experiências? Como eles compreendem o mundo à sua volta? Como educá-los na fé? As crianças fazem parte da vida da comunidade e apresentam um *jeito de ser* que precisa ser conhecido e muito bem acolhido e valorizado.[1]

Hoje vivenciamos a realidade na qual a criança tem seu lugar garantido no seio da sociedade e nela buscamos compreender como a identidade dessa criança é construída e quais são os seus níveis de desenvolvimento, a fim de que possamos cada vez mais aprimorar as nossas atitudes em relação a esta etapa tão importante da vida humana.

Neste *jeito de ser* o catequista poderá identificar importantes aspectos sobre o nível de desenvolvimento psicológico e de socialização dos pequenos, bem como o potencial religioso que neste momento orientará toda a organização da ação catequética. Sobre estes aspectos destacamos:

---

[1] Historicamente os estudos afirmam que nem sempre as crianças foram reconhecidas como pessoas de direito e em desenvolvimento e que muitas vezes foram simplesmente esquecidas pela sociedade. Em outros momentos a infância foi elevada à categoria de um adulto em miniatura e exigia-se que ela se vestisse, trabalhasse e assumisse responsabilidades que custavam até mesmo a sua própria vida.

Nível de desenvolvimento psicológico	Tempo de autoafirmação/consolidação da primeira infância, que se caracteriza em especial pelo modo como a criança sente, pensa e age sobre o mundo que a cerca. Encontra-se marcado profundamente pela curiosidade e motivado pelo conhecimento sobre a forma como as coisas acontecem. A criança inicia um processo interno de autoconhecimento. As experiências vividas até o momento começam a se tornar importantes referências. Ela faz memória das situações, consegue expressá-las e relacioná-las de modo a garantir a coerência das ideias.
Nível de socialização	Momento de reconhecimento do outro. O que antes se traduzia somente pelas suas necessidades começa a ser compreendido a partir do que os outros também necessitam. A criança compreende que nem todos pensam igualmente, desejam ou têm acesso às mesmas coisas, ou seja, que existe uma diversidade de pessoas e de situações. Ela inicia o processo de reconhecimento da importância dos vínculos afetivos, da confiança nas pessoas que fazem parte da sua vida.
Nível de desenvolvimento cognitivo	A aprendizagem a partir da experiência é a principal responsável pela construção do conhecimento. A criança inicia um processo de elaboração e de validação das próprias ideias e reconhece o valor da leitura e da escrita como formas de expressão. As palavras já começam a lhe ser familiares, uma vez que se encontra em um estágio inicial de alfabetização. O que é lido e escrito para ela torna-se motivo de grandes descobertas por já possibilitarem que realize as próprias interpretações e seus primeiros registros.
Potencial religioso	A criança apresenta abertura às experiências com o sagrado. Consegue perceber a presença dos valores como bondade, honestidade, amizade, perdão e solidariedade, entre outros; nas relações humanas e por meio do testemunho dos mais velhos inicia um processo de compreensão da ação divina em meio às situações cotidianas. Estas atitudes estão estreitamente ligadas à manifestação dos sentimentos, como, por exemplo, o sentir-se bem. O amadurecimento na vida de fé encontra-se impulsionado pelos primeiros passos em vista da autonomia humana e espiritual.

Não podemos diminuir a importância desta fase do desenvolvimento humano. As próprias observações das crianças sobre o mundo que as cerca e as suas experiências realizadas na convivência familiar e escolar têm diagnosticado ser a infância uma etapa de grandes e importantes transformações na construção de sua personalidade e dos referenciais que marcam toda sua existência.

Neste sentido, no que se refere à catequese com crianças o *Diretório Nacional de Catequese*, n. 197, destaca:

> A infância se caracteriza pela descoberta inicial do mundo, com uma visão ainda original, embora dependente da assistência dos adultos. A criança tem o direito ao pleno respeito e à ajuda para seu crescimento humano e espiritual.

Vivemos uma mudança de época que marca profundamente as relações entre as gerações e precisamos saber acolher o novo modo como a infância está sendo construída. A este respeito o *Diretório*, n. 198, ainda afirma:

> As crianças de hoje são mais ativas, fazem mais perguntas e não se deixam convencer simplesmente com o argumento da autoridade de quem fala. Com maior acesso aos meios de comunicação, podem até ter mais informações sobre a realidade do que o catequista, embora não disponham da necessária maturidade para analisar tudo que recebem. Por vezes trazem também dramas e mágoas que exigem uma conversa diferente, personalizada.

Educar na fé é uma grande responsabilidade e será a partir da compressão de *Quem é a pessoa do catequizando* que o catequista poderá com maior segurança estar com os pequenos e proporcionar-lhes experiências que efetivamente os aproximem de Deus.

O CATEQUISTA

Diante das novas gerações, o catequista reconhece a urgência de se preparar para bem realizar o seu ministério. *Não se pode oferecer aquilo que não se tem!* Ser catequista é uma realidade que exige cada vez mais uma atitude responsável, e os saberes necessários à sua formação necessitam garantir uma atenção especial à forma como os interlocutores do processo, ou seja, as crianças, se apropriam das realidades da fé. Para seu *ser, saber* e *saber fazer,* necessita percorrer o caminho com o Mestre, alimentar-se de sua Palavra, ter sensibilidade e maturidade de fé e estar inserido na comunidade cristã, pois é em Seu Nome que ele fala.

Ao aceitar o chamado de estar junto àqueles que desejam encontrar e seguir Jesus Cristo, o catequista necessita desenvolver o seu trabalho de forma coerente e criativa, conhecendo cada criança para descobrir o melhor modo de cumprir a sua missão. Ainda de acordo com o *Diretório Nacional de Catequese,* n. 198, será bastante útil ter familiaridade com o universo infantil: brincadeiras, situação escolar e familiar, histórias em quadrinhos e filmes que as crianças preferem, literatura infantil de boa qualidade.

A Igreja espera contar, hoje, com catequistas que, além de estar capacitados para o serviço da catequese, sejam capazes de, principalmente pelo testemunho de vida, conduzir, de fato, seu catequizando ao encontro com Jesus, vivo e ressuscitado. Este é o catequista mistagogo, que vive do mistério e é capaz de conduzir ao mistério. Para tanto, é preciso:

- querer estar com as crianças, tendo garantida a construção do vínculo afetivo entre catequista e catequizando;

- valorizar a forma como elas entendem o mundo a sua volta, ou seja, saber ouvir e dialogar com elas a partir do que já sabem, para poder alcançar o que precisam aprender;

- ser paciente para acolher as mais diversas realidades nas quais as crianças se encontram e ajudá-las a entender como Deus se comunica e ama o seu povo;

- ser criativo, conversando com o grupo para encontrar, a partir da própria realidade, os meios que melhor apresentem as verdades da fé;

- ajudar as crianças a viverem a vida de fé em comunidade a partir do seu próprio testemunho.

Será na realização do trabalho que o catequista sentirá a importância de cada um dos itens citados anteriormente. É a partir do processo de autodescoberta de si mesmo como catequista e da postura de respeito e valorização do catequizando que encontrará os elementos necessários ao próprio planejamento da ação catequética.

A DIMENSÃO DO VÍNCULO AFETIVO

As crianças gostam de estar em grupos e desenvolvem afinidades tanto entre elas quanto com os adultos. Na catequese não poderia ser diferente. Ao iniciarmos a organização da ação catequética, é muito comum as crianças fazerem parte de um grupo e, a partir dele, assumirem uma nova identidade. As trocas de experiências, a diversidade e a valorização de jeitos e de opiniões auxiliam no desenvolvimento infantil e fazem com que sejam estabelecidos laços de confiança e de afeto que possibilitam às crianças maior segurança na realização do que lhes é proposto. Trata-se de pensar a importância dos sentimentos na mediação das experiências e, consequentemente, na construção do conhecimento enquanto uma das principais características a serem assumidas na catequese com estilo catecumenal.

Jesus acolhia as pessoas, aproximava-se, conversava com elas, estabelecia um vínculo de confiança para concretizar o seguimento. Assim como ele, o catequista segue os princípios de conquistar a criança a partir das relações que estabelece com ela, buscando aproximá-la de Deus por meio do carinho e da atenção, do respeito ao seu tempo e jeito de ser. Estas atitudes marcam profundamente o processo catequético.

As crianças, de modo especial, são convencidas a partir do testemunho de quem está com elas e acreditam com base no modo como algo lhes é apresentado. Para isso, é preciso:

- ouvir suas opiniões e valorizar suas ideias, superando a mentalidade de que elas são muito pequenas e não conseguem entender;

- contar com sua ajuda na própria organização da vida da comunidade, como, por exemplo, participando em equipes litúrgicas, grupos de oração.

Se apresentarmos algo de forma alegre, prazerosa e tranquila, naturalmente as crianças compreenderão e manifestarão o desejo de aprender muito mais. Será a partir do modo como o catequista acredita no que realiza que elas também acreditarão. Daí a importância do seu testemunho de fé, da sua presença amigável e sincera e da sua postura de valorização delas.

Resumindo

- As crianças gostam de estar em grupos e desenvolvem afinidades.
- Os laços de confiança e de afeto possibilitam às crianças maior segurança na realização do que lhe é proposto.
- É a partir do testemunho de quem está com elas e do modo como a fé lhes é apresentada que as crianças iniciam a sua caminhada.
- Se apresentamos algo de forma alegre, prazerosa e tranquila, as crianças compreendem e manifestam o desejo de aprender muito mais.

A dimensão lúdica e experiencial

O jeito de fazer a catequese acontecer precisa estar pautado em orientações que favoreçam *a construção da realidade da fé em uma linguagem acessível às crianças*. É preciso conhecer o que as anima e desenvolver vivências que revelem o mistério da fé de forma agradável e suave; um processo iniciático que as convide divertidamente ao seguimento de Jesus. Para as crianças a catequese é uma grande novidade, uma realidade que se desvenda a cada encontro, e para que elas desejem participar é preciso uma atenção especial do catequista sobre duas dimensões que marcam profundamente a identidade da ação catequética nesta etapa. Trata-se das dimensões lúdica e experiencial, que podem ser entendidas da seguinte forma:

- *Dimensão lúdica:* compreende a brincadeira e a imaginação, a criação e o desafio; parte do princípio de que o pensamento da criança é motivado a construir o conhecimento sobre o mundo que a cerca e valoriza as expressões oral e corporal como meios para que ela possa realizar projeções, analisar hipóteses, validar regras e alcançar objetivos.

- *Dimensão experiencial:* estabelece íntima relação com a dimensão lúdica na medida em que também se pauta no princípio da construção do conhecimento e reconhece o valor da experiência, ou seja, da vivência de diversas situações pelas quais a criança possa progressivamente amadurecer a sua identidade e traduzir suas emoções e sentimentos.

Neste sentido, em que as dimensões lúdica e experiencial favorecem o planejamento da ação catequética? Quais são as suas contribuições para o desenvolvimento de uma catequese que preza pelo encontro com o Senhor, ou seja, pelo primeiro anúncio junto às crianças em processo de iniciação à vida cristã?

É preciso ter claro que uma catequese que valoriza a imaginação e a criatividade das crianças e que promove experiências significativas às suas expectativas apresentará maiores condições de se tornar atraente aos olhos dos pequenos. A criança necessita ser acolhida de forma a se tornar protagonista do processo, e não uma mera expectadora.

É próprio da infância a alegria, a curiosidade, a observação, e a valorização deste jeito de ser das crianças possibilita o desenvolvimento de uma prática catequética coerente com os anseios desta etapa da vida humana.

Resumindo

- Pensar a organização da ação catequética junto às crianças pressupõe o conhecimento de duas importantes dimensões: a lúdica e a experiencial.
- A dimensão lúdica compreende o valor da brincadeira e da imaginação; a dimensão experiencial reconhece o valor das experiências vividas pelas crianças para o seu aprendizado, e ambas favorecem o planejamento da ação catequética.

- A construção da realidade da fé deve ser realizada por meio de uma linguagem acessível às crianças.
- Muitas vezes o catequista acredita que somente falando com as crianças e lhes explicando os fatos da fé é que elas irão aprender. Isso pode fazer com que o processo se torne cansativo e que não se sintam motivadas a participar. Precisamos saber falar com elas e ouvir as suas opiniões para que, por meio do diálogo e das experiências, a vida de fé possa ser cuidadosamente desenvolvida.
- É preciso desenvolver vivências que revelem o mistério da fé de forma agradável e suave, num processo iniciático que as convide divertidamente ao seguimento de Jesus.

A DIMENSÃO CELEBRATIVA

Os sinais celebrados na liturgia têm a sua fonte de graça na história da salvação, de acordo como foi empregado e compreendido no Antigo e Novo Testamentos. A Escritura se vale dos sinais para expressar a comunicação de Deus com o povo.

A unidade entre a Palavra e o sacramento leva o catequista a valorizar as pequenas celebrações que põem os catequizandos em contato direto com a graça anunciada no mistério da Palavra.

O catequista não deve temer ou sentir-se inseguro, porque se trata do mesmo movimento da Palavra: uma vez anunciada, agora se torna realidade de salvação, ao ser ritualmente celebrada. O *sacramento é a Palavra visível, resultante da união da Palavra com o elemento* e requer a fé de quem o recebe para o acontecimento de graça ser completo. O elemento pode ser um gesto (por exemplo: a imposição de mãos) ou algo material como o pão e o vinho.

OS QUATRO PASSOS PARA FAZER MISTAGOGIA

O significado do símbolo vai se concretizando passo a passo, indo daquilo que ele mostra imediatamente aos nossos sentidos até chegar a seu significado final, que só alcançamos com a fé. Parte do visível para chegar ao invisível; por isso, é imprescindível ter olhos de fé para alcançar o mistério.

Como se trata de crianças em fase de construção do pensamento abstrato, há a necessidade de ouvi-las e considerar atentamente as suas contribuições para aproximar e ampliar o seu quadro de referência. É preciso valorizar o que elas já sabem, pois muitas já reconhecem o valor daquele elemento que será celebrado e a importância dele nas tarefas do dia a dia, e cabe ao catequista construir junto com o grupo o crescente sentido do símbolo, até o mesmo se tornar um símbolo de fé cristã.

Por isso, é preciso ter clareza dos passos a serem dados para construir o sentido do símbolo com a colaboração das crianças e assim alcançar o significado que ele revela. Como os degraus de uma escada, apresentamos quatro passos:

1) Partir do sentido comum que o sinal possui na cultura atual. Por exemplo: uso da água na sociedade, que causa sua falta ou seu excesso... É mais natural partir daquilo que conhecemos para acrescentarmos outros significados ao gesto.

2) Apresentar como a água foi portadora da salvação no Antigo Testamento – na criação, no dilúvio, na travessia do Mar Vermelho – e que foi plenificada de sentido em Jesus Cristo – nos batismos de João no rio Jordão e, especificamente, no de Jesus, que santificou suas águas; quando Jesus prometeu a água viva para a samaritana e cumpriu sua promessa do alto da cruz e quando seu coração aberto pela lança derramou sangue e água.

3) Mostrar como a liturgia celebra este sinal salvador, hoje, produzindo graça e salvação para aquele que o recebe. Na água abençoada na celebração, ao ser batizado, o eleito é perdoado de seus pecados, recebe o Espírito Santo para viver como filho de Deus.

4) Considerar a responsabilidade que este gesto implica para a vida. Ter presente que este sinal requer uma fé consciente e

responsável com o dom recebido, pois sua finalidade é a vida nova em Cristo na dinâmica implantada pelo Reino.

Cada um desses passos oferece uma gama de sentidos que, conjuntamente somados, nos revelam a passagem de Deus em nossa vida.

Para cumprir esta finalidade, há que desenvolver vivências dos ritos na catequese para unir a Palavra com o gesto litúrgico.[2] *A vivência litúrgica quer proporcionar o contato direto de nossos sentidos com o símbolo para despertar a experiência efetiva da graça de Deus.*

Vivência

Articular adequadamente as orações a partir da Palavra proclamada com os gestos litúrgicos correspondentes demanda que o catequista ou dirigente tenha vivência e prévio conhecimento litúrgico. A informalidade do grupo, como também o pequeno número de participantes facilitarão o clima familiar na celebração.

Como desenvolver a celebração com finalidade mistagógica? Propomos que, no pequeno grupo, o catequista desenvolva com serenidade e segurança as celebrações deste livro:

1) Reflita sobre os quatro passos referentes ao símbolo. Por exemplo: água, fonte batismal, luz (fogo), pão, vinho, altar, óleo, cruz, imposição de mãos.

2) Distribua tarefas, como: providenciar o material necessário, acolher os colegas, proclamar as leituras, proferir as preces... E demonstre segurança ao conduzir a celebração, uma vez que entendeu o objetivo e cada um dos passos da vivência.

3) E o grupo celebra o que foi planejado. Em tom familiar, o catequista inicia a celebração com o canto de um mantra ou outro adequado, prossegue com a saudação inicial e, depois,

[2] Conferir mais amplamente o tema em NUCAP. *Mistagogia*: do visível ao invisível. São Paulo: Paulinas, 2013.

comenta o sentido usual do símbolo, dando o passo seguinte: mostra o sentido bíblico. Ele deve sempre perguntar, escutar e valorizar as intervenções dos participantes.

A essa altura, proclame a Palavra. Demonstre como as promessas bíblicas se cumprem no rito litúrgico. Há que unir a Proclamação da Palavra com o sinal escolhido. Realize o gesto litúrgico. O encontro da Palavra com o símbolo se desdobrará em súplica, louvor ou pedido de perdão.

Nos diálogos transcorridos durante a celebração, naturalmente sobressairá o compromisso vital que nasce entre a ação divina e a resposta de adesão de nossa parte.

Muitas vezes será necessário dedicar um encontro inteiro para realizar a vivência no grupo. Mais que celebrar o rito às pressas, o importante é não queimar etapas para que o objetivo de sensibilização e de nova visão do símbolo seja alcançado. Recomenda-se que a celebração transcorra num clima familiar e orante.

Se você, catequista, não tem a prática de conduzir uma celebração ou oração comunitária, procure tomar alguns cuidados prévios. Lembre-se de que não se trata de simplesmente apresentar, por exemplo, um símbolo como a cruz, mas de colocá-la em interação com os participantes. Uma coisa é apresentá-la, outra é criar um clima orante, sem pressa, alternando orações, silêncio, canto, proclamação da Palavra, intercessões etc., no qual se reza sobre o valor salvífico da cruz e os participantes são convidados a beijá-la com fé, atenção e respeito.

Neste livro, propomos a celebração de entrada para ser feita na comunidade e na presença dos responsáveis, possivelmente após a homilia de uma missa dominical da comunidade. Também apresentamos três pequenas vivências sobre: os gestos de escutar a Palavra e de perdoar o outro e a atitude de agradecer a Deus.

- Há urgente necessidade de unir a Palavra refletida na catequese com o símbolo celebrado na liturgia.
- Na celebração ocorre a união da Palavra com o símbolo. O que une a Palavra com o símbolo é a fé de quem celebra.
- Para unir catequese com a liturgia é necessário dar quatro passos:

1º Como ao subir os degraus de uma escada, o símbolo tem uma primeira fonte de significado na sua compreensão cotidiana.

2º Damos mais um passo, agregamos o sentido bíblico. A gente não inventa o sentido salvador do símbolo, mas é a Palavra de Deus que revela como a água, o óleo, a luz e o pão foram usados como meios de salvação.

3º Subimos mais um degrau, é o sentido litúrgico. Aí nos perguntamos: como a liturgia emprega este símbolo como elemento salvador nesta celebração? O que ele produz?

4º No quarto degrau, o símbolo nos questiona qual é a responsabilidade que temos com ele. Ou seja, em que ele modifica a nossa vida e responsabiliza nosso modo de viver.

Planejar a ação catequética

Após pensar os princípios que norteiam a organização da catequese com estilo catecumenal, chega o momento de planejar. A ação de planejar a catequese se inicia com a própria *construção do itinerário de fé*. Por meio dele o catequista terá clareza do que será apresentado às crianças para que trilhe um caminho seguro sobre as realidades da fé. A caminhada deve ser realizada de forma que as crianças avancem progressivamente em suas hipóteses, ao passo que o catequista possa responder às suas dúvidas e curiosidades para que elas se sintam motivadas a participar.

Neste sentido, é fundamental ter clareza da concepção a ser assumida ao se *falar de Deus* às crianças. De acordo com o *Diretório Nacional de Catequese*, n. 200, "é necessário ter cuidado para que, em nome da mentalidade infantil, não se apresentem ideias teologicamente incorretas que depois serão motivo de crise de fé". Precisamos, então, torná-lo conhecido como um Pai bondoso e misericordioso e que sempre nos ajuda, um *Deus tão bom que nos enviou o seu Filho Jesus para nos salvar*. Para isto apresentamos uma breve orientação que objetiva ajudar o catequista a compreender a forma como o Senhor se revela.

Realizada a orientação sobre *a construção do itinerário de fé*, o catequista encontrará as instruções sobre a organização do *roteiro dos encontros* tanto no livro do catequista quanto no livro do catequizando e no trabalho junto às famílias, bem como a apresentação das *celebrações* que marcam o processo.

Falar de Deus

A criança abre-se para o transcendente. Ao dar-se conta da grandeza de tudo que a envolve, percebe que algo maior criou o mundo e a natureza e dá sentido a tudo. Cabe aos seus educadores ouvir suas percepções e ajudá-la a construir a imagem de Deus na medida de suas descobertas e inquietações.

Os encontros deste livro apresentam a imagem de Deus criador de tudo. Ele nos criou à sua imagem e semelhança e nos fez livres. Deus é fonte de todo bem e quer a felicidade de seus filhos.

Da parte de Deus encontramos somente o bem e a incansável providência para reparar o que a maldade do pecado feriu e destruiu.

- Deus é Pai, é bondoso e misericordioso e nos aceita, apesar de nossas mentiras e egoísmo.
- Deus sempre nos ajuda, mas conta com a nossa colaboração para que realizemos a nossa parte. Ele permanece ao nosso lado, mesmo quando a violência, a injustiça ou a doença nos atingem. Ele nos salva, nos fortalece e, diante da violência do mal, sua última palavra é nos conceder a plenitude de vida na eternidade.
- Deus é tão bom que nos enviou o seu Filho Jesus para nos salvar. Estando entre nós, ensinou-nos o caminho do amor. Por isso, ele curou os doentes, perdoou pecados, multiplicou pães, expulsou o mal e ressuscitou os mortos. E quando partiu nos deixou o seu Espírito, que continua agindo entre nós e nos encorajando para seguirmos o caminho de Jesus.

Esta é a grande Boa-Nova que anunciamos: Deus nos ama e sempre espera nossa conversão para trilhar o caminho do bem. Por isso nos enviou seu Filho para nos salvar.

Construindo o itinerário de fé

No conjunto das ações do planejamento é fundamental dedicar especial atenção à organização do itinerário de fé. É preciso ter clareza de que na catequese o primeiro passo consiste na compreensão de que há um caminho a ser seguido e que ele deve ser cuidadosamente pensado.

A primeira unidade organiza-se em 7 encontros, sendo que um deles trata-se de uma celebração comunitária. Esta unidade considera a construção da identidade de fé do grupo com o objetivo de acolher as crianças e suas respectivas famílias à vida em comunidade. Inicia-se com um encontro com as famílias (primeiro encontro) para motivá-las a educar seus filhos na fé, pois a catequese na comunidade se fortalece na vida em família. A partir daí as crianças são convidadas a se encontrar para vivenciar a construção do grupo de fé (segundo encontro) e a conhecer quem é a pessoa do catequista (terceiro encontro), a fim de que possam nele confiar. Realizada esta aproximação e pertença, chega o momento de compreender a fé em Deus (quarto encontro) e de saber qual é o desejo presente em cada pessoa de conhecê-lo (quinto encontro), de deixar tudo e, como um peregrino, segui-lo. Para reforçar o compromisso da comunidade, da família e da própria criança, retoma-se a simbologia da luz e dos compromissos batismais em uma vivência celebrativa e em uma celebração comunitária de acolhida.

Na segunda unidade, organizada em 8 encontros, continua a caminhada de fé em busca de Deus, uma vez que Deus se revela aos pequenos e queremos fortalecer a relação com ele na pessoa de Jesus Cristo. Para isso ocorrer, as crianças são convidadas a realizar a descoberta da fé a partir da consciência da existência de Deus (primeiro encontro) e da conversa com ele para entender o que deseja de cada um (segundo encontro). Deus se revela na natureza e nas pessoas, e a criança é orientada a compreender o quanto as atitudes humanas de cuidado com a natureza e de respeito com as outras pessoas são necessárias (terceiro e quarto encontros). Deus se revela em seu Filho (quinto encontro), que esteve neste mundo fazendo o bem (sexto encontro). A exemplo do que o próprio Jesus ensinou, nós também somos chamados a fazer o bem (sétimo encontro) e a ter a certeza de que o Espírito de Jesus continua conosco (oitavo encontro).

Na terceira e última unidade, organizada em 7 encontros e 2 vivências celebrativas, apresentamos os princípios da vida de fé. Uma vez que buscamos a Deus e Deus se deixa revelar, daí nasce a vida de fé como resposta humana ao dom da revelação do alto. Em primeiro lugar, parte-se do ato de fé "eu creio em Deus" (primeiro encontro); este ato também é comunitário: toda a família crê (segundo encontro), como também se vive esta fé em comunidade (terceiro encontro). A vida de fé é alimentada pela Palavra de Deus (quarto encontro), que requer a condição de saber escutá-la ativamente (quinto encontro). Na vida, há o constante perigo de nos fazermos surdos diante da Palavra (sexto encontro), daí a necessidade de celebrarmos o perdão de Deus (sétimo encontro). Desde pequenos, a educação para o agradecimento nos mostra que tudo vem de Deus e nos abre para o reconhecimento do outro em nossa vida (oitavo encontro). Por último, encerramos com a celebração de ação de graças a Deus e aos participantes desta experiência.

Roteiro dos encontros

Compreendido o itinerário, chega o momento de pensar os passos a serem dados no planejamento dos encontros. Trata-se do próprio desenvolvimento de uma identidade de trabalho que garanta tanto o envolvimento das crianças quanto o fortalecimento da própria ação do catequista e da família. *É preciso saber o que fazer com o grupo*, de modo a apresentar-lhe momentos que favoreçam o seu aprendizado, em uma linguagem acessível, que acolha as suas primeiras ideias e que desenvolva atividades apropriadas ao seu potencial religioso. Para tanto é preciso:

- Ter clareza dos objetivos: cada encontro apresenta uma proposta de trabalho que visa desenvolver aspectos característicos do potencial religioso da criança, tais como a abertura ao transcendente e a aquisição de valores e de atitudes coerentes com a vida cristã.

- Desenvolver uma postura acolhedora: é necessário saber estar com as crianças, construir um vínculo afetivo que aproxime o catequista da criança, porque ele acredita nela e quer estar com ela.

- Assumir uma atitude de escuta para ouvir o que a criança tem a dizer, de modo a valorizar as suas opiniões.

- Utilizar uma linguagem apropriada para falar adequadamente com as crianças, apresentando-lhes questionamentos que fortaleçam a sua curiosidade e que motivem a plena participação. Ideias bem colocadas despertam o interesse e fortalecem a construção do pensamento da criança.

- Se preparar: é fundamental aprofundar o conhecimento sobre o tema a ser desenvolvido. Não é a aplicação de uma atividade que faz do encontro um Encontro. O catequista precisa conhecer as orientações do roteiro para que possa se preparar com tranquilidade e alcançar a finalidade do encontro.

- Sugerimos que os grupos nesta faixa etária dos 6-7 anos tenham de 5 a 10 catequizandos. Grupos numerosos dificultam o desenvolvimento do trabalho.

- Considere o tempo de realização do encontro: em média o trabalho poderá ser desenvolvido no decorrer de 1h a 1h30.

O LIVRO DO CATEQUISTA

Organizar os *momentos* do encontro é a principal tarefa do catequista. Da organização do ambiente até a celebração que o encerra, é preciso ter clareza dos passos a serem dados, dos materiais a serem utilizados e do tempo a ser dedicado, para que o grupo possa vivenciar progressivamente a construção da mensagem de fé. Isto exige atenção, cuidado, carinho e o necessário conhecimento pedagógico-catequético ao bom rendimento das ações. Queremos com isto afirmar que, para bem compreender a proposta de trabalho deste subsídio, é preciso assumir uma postura de planejamento na qual o catequista se dedique a estudar o encontro a ser realizado, compreendendo suas etapas e a melhor forma de desenvolvê-lo em sua realidade.

O primeiro passo trata da *organização do ambiente do encontro*, no qual orientamos a disposição e acolhida do grupo e os símbolos a serem utilizados. Atenção especial deve ser dada pelo catequista ao tema a ser desenvolvido e à mensagem a ser transmitida, para que as crianças se sintam motivadas a participar. É muito importante para a criança estabelecer o vínculo afetivo com o espaço no qual ela se encontra. Ao identificar este espaço como um lugar preparado para a sua presença e organizado para o seu aprendizado, ela se sente mais segura e se envolve com maior autonomia e confiança, sentindo-se também responsável pelo que será realizado. Na medida do possível o local do encontro seja preservado e organizado para garantir a realização de três momentos: a *oração*, a *vivência* e a *celebração*.

Oração: Torna-se o meio pelo qual as crianças *manifestam a fé* e *dialogam com o próprio Deus*, sendo acolhidas pelo catequista e conduzidas à espiritualidade. Será em sintonia com a própria fé que elas compreenderão o que o encontro significa, e o catequista encontra neste subsídio as orientações necessárias para que a motivação inicial seja construída com o próprio grupo.

Vivência: Após a oração, o catequista apresenta o tema do encontro e reúne o grupo diante da Bíblia. É no conhecimento das realidades da fé a partir da proclamação da Palavra de Deus que o ser cristão se constrói; para isso, apresentamos a meditação de trechos dos evangelhos, a fim de que o catequista possa dialogar com o grupo e meditar os seus ensinamentos. Realizada a proclamação, o catequista retoma a construção da passagem bíblica por meio de questionamentos e aproxima as crianças dos acontecimentos, ajudando-as a entender de que forma eles inspiram a viver os compromissos cristãos nos dias de hoje. Para tanto, o catequista encontra no livro do catequizando/família um conjunto de imagens, a fim de que as crianças possam observá-las e melhor entender a apresentação da mensagem, e atividades pertinentes aos trechos proclamados, para que elas amadureçam a sua compreensão.

Celebração: No momento final do encontro o grupo é convidado a celebrar a alegria da sua participação; para isso, apresentamos orientações, a fim de que o catequista possa, assim como na experiência da oração, conduzir o grupo a um diálogo afetivo com o próprio Deus.

Presamos pela construção deste roteiro junto com o catequista e cada um é convidado a compreender esta proposta a partir da sua realidade e a realizar adaptações que considere necessárias.

O *Livro do catequizando e da família*

O trabalho com esta etapa dos 7-8 anos também é pensado para ser feito junto às famílias. Já em casa, a família se responsabiliza pelo acompanhamento do trabalho realizado pelo catequista ao retomar a mensagem do encontro com a sua criança. Para tanto, algumas perguntas são apresentadas, a fim de que a família saiba conversar e amadurecer os sentimentos e conhecimentos despertados na vivência do encontro.

É comum, porém, que, ao percorrerem as citações evangélicas, muitos responsáveis se deparem pela primeira vez com elas. Encontrarão aí a oportunidade de se converter ao Deus de Jesus Cristo e de obter, assim, clareza do que querem como valores e norma de vida para si e para suas crianças.

Este trabalho vai requerer muita persistência do catequista. Primeiramente, há que reconhecer a importância da família, melhor ainda se for o pai ou a mãe, em empregar o seu tempo conversando assunto de tão alta significância na formação da personalidade de uma criança. É preciso orientar a família (pais/responsáveis) sobre a forma como desenvolver o trabalho de retomada do encontro em casa. Cabe ao catequista:

- orientar os pais sobre o ensino das primeiras orações aos filhos;
- ajudá-los a encontrar as passagens bíblicas solicitadas;
- ensiná-los a ler com a criança e a ouvir o relato do que ela entendeu, para conversar a partir das imagens e das questões propostas, e compreender os compromissos a serem assumidos.

Ao reconhecer a produtividade do diálogo de fé em casa, o catequista encontrará criatividade para mobilizar os responsáveis para esta tarefa e superar a indiferença, a omissão e o descaso de vários genitores sobre o tema da fé. É preciso orientar os responsáveis a orarem com suas crianças, para que esta se torne uma realidade cada vez mais presente na vida de seus filhos e filhas.

Será muito proveitoso, vez ou outra, o catequista ouvir o relato das crianças de como aconteceu o diálogo delas com os responsáveis, e, sempre que necessário, reavaliá-lo com eles, para que possam ampliar ainda mais as suas hipóteses e amadurecer a sua identidade cristã.

UNIDADE 1

Encontro com as famílias

(Elabore um cartaz de boas-vindas com uma mensagem que será proclamada por todos no momento da oração. Uma música poderá motivar a acolhida dos presentes. Que as crianças também participem do encontro. Se possível, organize as cadeiras em círculo. De frente para o grupo, coloque uma mesa ou tapete/tecido e disponha sobre eles vela, bacia com água benta e pão, que serão utilizados no decorrer do encontro. Coloque a Bíblia em lugar de destaque.)

Oração

(Oriente o grupo a ficar em pé. Acenda a vela. Se as crianças estiverem junto aos adultos, convide-as a se reunirem no centro do círculo. Depois, convide todos os adultos a dizerem a frase do cartaz e, em seguida, motive as crianças a fazerem o mesmo.)

Catequista: *Este é o nosso primeiro encontro, o primeiro de muitos, e grande é a nossa alegria, ansiedade...*

(Neste momento, convide as crianças a dizerem como elas se sentem: alegres, com medo, tristes... Depois, faça a mesma pergunta às famílias presentes, convidando alguns a manifestarem o que já trazem em seu coração no momento, o que esperam dos encontros, pensando em seu filho/filha que iniciará mais uma etapa em sua vida.)

Catequista: *Ouçamos com atenção.*

(Proclame Jeremias 1,4-5.)

Do Antigo Testamento, hoje, nos é apresentado o aspecto religioso mais grandioso de todos: a profecia e o profeta. A leitura nos apresenta parte do trecho em que Jeremias narra seu chamado profético. É um diálogo cheio de ternura e de sinceridade, do qual se destacam duas verdades: a fragilidade do homem e a força criadora de Deus.

Jeremias é alguém que "não sabe falar" e é "jovem", mas Deus, que o escolheu desde o ventre materno, transmite-lhe sua Palavra e com ela seu Espírito. Ele se torna como um muro de bronze, capaz de ficar, em nome de Deus, diante dos reis, dos sacerdotes e do povo, sem temer e sem calar.

Este é o profeta: alguém que "permanece em nome de Deus" diante do mundo, para transmitir-lhe as palavras e os juízos de Deus, para ser um leitor da história, um sinal para o povo, alguém que arranca e destrói, mas só para "edificar e plantar".

Alguém que é humilde também na luta. Foi um jovem e se tornou luz das nações pagãs, daqueles que ainda não conheciam e não acreditavam, um verdadeiro mensageiro de Deus: "Antes de formar-te no ventre materno, eu te conheci; antes de saíres do seio de tua mãe, eu te consagrei e te fiz profeta das nações" (Jeremias 1,5).

Seja feita, portanto, a vontade de Deus na vida destes pequenos que irão crescer um pouco mais em sabedoria e graça diante de Deus e diante de todos que os amam. Oremos:

Abençoa, Senhor, estas famílias que assumem junto à comunidade cristã a educação de seus filhos na fé. Que ela seja perseverante na caminhada e que traga teus ensinamentos sempre gravados no coração. Amém.

Catequista: *Vamos nos dar as mãos como sinal de nossa união. Rezemos a oração que Jesus nos ensinou:*

Todos: *Pai nosso..., pois vosso é o reino, o poder e a glória para sempre.*

(Apresente a bacia com a água benta. Convide os familiares a molharem o polegar na água e a traçar sobre a fronte da criança o sinal da cruz. Uma música poderá ser colocada para acompanhar este momento.)

(Abraço da paz.)

Catequista: *Irmãos e irmãs, por sua morte e ressurreição, o Cristo nos reconciliou. Demo-nos uns aos outros o abraço da paz!*

Vivência

Neste momento, apresente a todos a importância dos encontros que serão desenvolvidos. Leia e comente o "Recado aos pais e responsáveis", que está no *Livro do catequizando e da família*. Insistir sobre a importância de a família retomar o encontro com a criança, visto que se trata de um processo educativo que envolve a todos.

Apresente-se brevemente como catequista, deixando bem clara a responsabilidade assumida mediante o chamado de Deus para estar com as crianças.

Em seguida convide os familiares para ir à frente do grupo contar as motivações que os fazem trazer suas crianças para esta etapa catequética e qual a rotina da vida de fé da família: *as orações, a prática dominical, os valores que defende na formação do caráter da criança...* Alertar que a educação proposta pelo Evangelho orienta a busca de valores coerentes com a prática de Jesus de acolhida do Reino, a qual se diferencia do consumismo atual.

Realizado este conhecimento prévio, o padre ou algum membro da comunidade poderá manifestar sua alegria junto às famílias, reforçando a responsabilidade na educação da fé de seus filhos e filhas.

Entregue para cada família um envelope contendo duas folhas. Em uma delas coloque o título "Quem é..." e oriente os responsáveis a escreverem, em casa, sobre a sua criança, apresentando-lhe as principais características. A outra folha deverá ser entregue à criança para que faça um desenho sobre a própria família. Ela deverá trazer o envelope contendo as duas folhas no próximo encontro, para apresentar seu conteúdo ao grupo.

Celebração

(Sobre uma mesa coloque toalha, pão, vela e flores. Convide todos a ficarem em pé, reunidos em volta da mesa.)

Catequista: *Nós reconhecemos o Senhor ao partir o pão. Este ensinamento chegou até nós porque nossos familiares, amigos, pessoas com quem convivemos acreditaram. Chega o momento de passar adiante, de animar o coração das futuras gerações com essa mesma certeza. Sejamos todos responsáveis e amemos a Deus sobre todas as coisas a ao próximo como a nós mesmos.*

Oração de ação de graças sobre o pão

Catequista: O *Senhor esteja conosco.*

Todos: *Ele está no meio de nós.*

Catequista: *Demos graças ao Senhor, nosso Deus.*

Todos: *É nosso dever e nossa salvação.*

Catequista: *Nós vos damos graças, ó Deus da vida, porque nos acolheis na comunhão do vosso amor e renovais nossos corações com a alegria da ressurreição de vosso Filho Jesus, o Cristo. Em vós, ó Pai, existimos, vivemos e nos movemos. Recebemos a cada dia, do nascer ao pôr do sol, as provas do vosso imenso amor e por vossa bondade esperamos a promessa da imortalidade e a felicidade eterna.*

Todos: *Glória a vós, Senhor, graças e louvor!*

Catequista: *Irmãos e irmãs, assim como os discípulos do Senhor Jesus comeram deste pão, nós também iremos partilhar este pão testemunhando nossa comunhão na fé e na caridade. Que ele confirme a nossa fé e nos abençoe!*

Todos: *Glória a vós, Senhor, graças e louvor!*

Catequista: *Toda a humanidade vos bendiz, ó Pai, pela ressurreição de Jesus, que renova todas as coisas. Nele se renova a esperança de que a morte será vencida e de que o vosso Reino vai chegar plenamente para todos que fazem a vossa vontade, e então teremos a felicidade eterna.*

Todos: *Glória a vós, Senhor, graças e louvor.*

Catequista: *Façamos uma inclinação profunda e reflitamos, por alguns segundos, porque Jesus quis nos reunir para a ceia e permanecer conosco em forma de pão, a fim de nos alimentar e nos dar forças em nossa caminhada.*

(Pausa de alguns segundos.)

Catequista: *Por amor, Jesus quis ficar entre nós também na forma de pão para nos alimentar. Ó Pai, por este sinal do pão partido, símbolo do sacrifício do vosso Filho, expressamos nosso desejo de corresponder com mais fidelidade à missão que nos destes e invocamos o Espírito Santo para nos dar força nesta caminhada. Apressai o tempo da vinda do vosso Reino e recebei o louvor de todo o universo e de todas as pessoas que vos buscam.*

Todos: *Glória a vós, Senhor, graças e louvor!*

Catequista: *Da mesma maneira como este pão foi primeiro trigo plantado, multiplicando-se em grãos e depois colhido para tornar-se pão, congregai assim, ó Pai, vossos filhos e filhas de todos os cantos da terra em vosso Reino! Isto vos pedimos, por Cristo, nosso Senhor!*

Todos: *Amém!*

(Partilhe o pão.)

(Bênção e envio. Convide todos a ficarem em pé para a bênção.)

Catequista: *O Senhor nos abençoe e nos guarde!*

Todos: *Amém.*

Catequista: O *Senhor faça brilhar sobre nós a sua face e nos seja favorável!*

Todos: *Amém.*

Catequista: O *Senhor dirija para nós o seu rosto e nos dê a paz!*

Todos: *Amém.*

Catequista: *Que o Senhor confirme a obra de nossas mãos, agora e para sempre!*

Todos: *Amém.*

Catequista: *Abençoe-nos o Deus Todo-Poderoso, o Pai e o Filho e o Espírito Santo!*

Todos: *Amém.*

Catequista: *Louvado seja nosso Senhor Jesus Cristo!*

Todos: *Para sempre seja louvado!*

Catequista: *A alegria do Senhor seja a nossa força. Vamos em paz e o Senhor nos acompanhe!*

Todos: *Graças a Deus!*

Somos um grupo

(Organize uma mesa com a Bíblia e quatro cartazes com os temas: família, amigos, escola, igreja. Imagens poderão ser colocadas para ilustrar o significado de cada um deles, em vista de ajudar a compreensão do grupo. Para o momento da oração, elabore rostinhos que representem o sorriso, dois ou três para cada catequizando. Já para o momento da celebração, organize um cartaz com o tema do encontro.)

Oração

(Reúna o grupo em círculo.)

Catequista: *Acordamos pela manhã para cumprir a vontade de Deus em nossas vidas. Ele é a alegria do nosso viver, um Pai que ama cada um de nós e que por isso nos reúne neste dia para que possamos aprender mais sobre a nossa fé.*

(Convide cada criança a dizer o próprio nome em voz alta e o grupo o repete.)

Catequista: *Cada um de nós é muito importante no Reino de Deus. Ele criou tudo e confia em cada um de nós para que sejamos pessoas de bem, felizes e que ajudemos os outros.*

(Pergunte ao grupo o que o faz feliz. Entregue os rostinhos para as crianças e partilhe as opiniões. A cada alegria apresentada, um dos rostinhos é colocado no meio do círculo para que a alegria seja simbolizada.)

Catequista: *Quantas alegrias nós trazemos em nosso coração! Isso é o que nos une e nos fortalece, e é com esta certeza que conversamos com Deus e confiamos que ele cuida de nós.*

(Convide cada criança a dizer algo para Deus.)

Catequista: *Rezemos, então, com muito amor e confiança a oração que o próprio Deus, em seu Filho Jesus Cristo, nos ensinou:*

(Apresente cada uma das partes da oração do Pai-Nosso e as crianças a repetem.)

Pai nosso/ Que estais no céu/ Santificado seja o vosso nome/ Venha a nós o vosso reino/ Seja feita a vossa vontade/ Assim na terra como no céu./ O pão nosso de cada dia nos dai hoje./ Perdoai as nossas ofensas/ Assim como nós perdoamos/ a quem nos tem ofendido/ e não nos deixeis cair em tentação/ mas livrai-nos do mal./ Amém.

VIVÊNCIA

Catequista: *Assim como nós estamos aqui reunidos, muitas outras pessoas em todo o mundo também estão. Elas acreditam em Deus e querem viver esta mesma alegria junto com suas famílias, na escola, no trabalho, na igreja.*

(Apresente os cartazes e converse sobre o que eles representam. Cada criança poderá falar da própria família, quem são seus amigos, se estudam e se já participam da comunidade.)

Catequista: *Para estarmos aqui neste dia agradecemos a cada uma das pessoas que nos trouxeram para o nosso encontro e devemos reconhecer que este chamado foi realizado pelo próprio Deus. Ele nos ama e nos convida a viver a nossa fé na comunidade, conhecendo mais pessoas e construindo bonitas experiências. Assim também aconteceu no tempo de Jesus. Ouçamos o que a Palavra de Deus nos diz.*

(Convide o grupo a se reunir junto à Bíblia. Apresente o livro e afirme que, a partir dele, a cada encontro o grupo irá descobrir aos pouquinhos as grandes belezas da nossa fé.)

(Proclame Marcos 1,16-20 - *Jesus chama os primeiros discípulos.*)

Catequista: *(Retome cada um dos momentos da passagem bíblica e questione:).*

Onde Jesus caminhava? Quem ele encontrou? O que eles estavam fazendo? Alguém de vocês já caminhou à beira-mar? O que viu? Os homens com os quais Jesus conversou estavam trabalhando. O que eles faziam? Mesmo sabendo que estavam ocupados, Jesus foi até eles e os convidou para algo muito especial? Qual foi o convite de Jesus? O que significa ser um "pescador de pessoas"? Como podemos fazer isto? Você também aceitaria o convite de Jesus? Por quê? Mas quem é Jesus? Por que ele passa pelos lugares chamando as pessoas para segui-lo?

(Afirme ao grupo que a cada encontro será possível descobrir as respostas para estas perguntas e que a participação de cada criança é muito importante. Oriente a atividade a ser realizada no *Livro do Catequizando e da família*.)

CELEBRAÇÃO

(Peça para as crianças pegarem um dos rostinhos que representam o sorriso.)

Catequista: *Cada um dos rostinhos representa a nossa alegria em ter participado deste encontro. Nele aprendemos que Deus nos ama e nos chama a participar como grupo de fé na nossa comunidade.*

(Apresente o cartaz com o tema do encontro.)

Catequista: *Agradecemos a Deus pela presença da/o...*

(O nome de uma da criança é apresentado, o rostinho é colado no cartaz e o nome dela é escrito junto à figura, representando-a. Assim será feito com todos os presentes. Terminada a organização do cartaz, motive as crianças a manifestarem o seu desejo de pertencer ao grupo. Pergunte a cada uma delas o motivo pelo qual gostariam de participar.)

Catequista: *Digamos juntos: "Estamos aqui, Senhor/ e queremos permanecer./ Fica conosco/ anime a nossa vida/ e a de todos que são seus filhos e filhas./ Amém".*

O catequista

(Organize uma caixa contendo objetos/símbolos, como algumas imagens, livro de oração, fotos, entre outros, que representem a sua história de vida e, em especial, sua caminhada como catequista.)

Oração

(Acenda uma vela.)

Catequista: *Deus nos dá a vida e a cada dia buscamos ser pessoas de bem, alegres e confiantes.*

(Apresente imagens de pessoas de diferentes idades e em diversas situações. Se não puder dispor destas imagens, apresente ao grupo algumas situações que envolvem o cotidiano das pessoas: crianças brincando, estudando, algumas doentes, outras infelizmente moradoras de rua; adolescentes e jovens trabalhando e estudando, outros que precisaram parar de estudar para trabalhar, alguns tristes, outros felizes; adultos que trabalham, que têm família, pessoas que se sentem sozinhas e precisam dos amigos; idosos saudáveis e outros que precisam de cuidados médicos, de atenção e carinho da família, para não perderem a alegria de viver.)

Catequista: *Conhecemos muitas pessoas que se encontram em situações como as que mencionamos e, do seu jeito, elas animam a nossa vida, cuidam de nós; às vezes, podem até nos deixar tristes, mas nós as amamos e queremos tê-las sempre por perto. Rezemos para que Deus sempre as proteja e as faça serem pessoas que amam a vida que o próprio Deus lhes deu.*

(Neste momento, convide as crianças a apresentarem os nomes das pessoas pelas quais desejam rezar.)

Catequista: *Diante do nosso pedido, digamos juntos:*

Crianças: *Atendei, Senhor, a nossa prece.*

Vivência

Apresente a caixa com os objetos e inicie uma conversa com as crianças, contando-lhes um pouco da sua história: idade, nome completo, infância, a vida em família, estudos, trabalhos que já realizou, quando começou a ser catequista e porque é alguém importante na vida das crianças, de modo a possibilitar que elas se sintam curiosas em conhecê-lo.

É muito importante aproximar-se do grupo e estabelecer relações de vínculo afetivo. Ao conhecer a pessoa do catequista, descobrindo, por exemplo, que um dia ele também foi uma criança e que se comportava de modo muito parecido com o seu, o grupo confiará e se sentirá motivado a estar junto dele, em especial reconhecendo a sua missão nas descobertas das riquezas da fé.

Após a apresentação da história de vida, proclame: Marcos 8,27.

Catequista: *"Jesus partiu com seus discípulos para os vilarejos de Cesareia de Filipe e no caminho questionava seus discípulos, dizendo: 'Quem as pessoas dizem que eu sou?'".*

(Converse com o grupo e explique que precisamos conhecer as pessoas com quem convivemos.)

Catequista: *Era esse o desejo das pessoas também no tempo de Jesus, e ele se preocupava com elas, queria saber quem as pessoas diziam que ele era. Naquele tempo, elas ainda não o conheciam direito e tinham muita dificuldade em reconhecê-lo. Mas, com o passar dos dias e com os acontecimentos que o envolviam, foram percebendo que ele era o próprio Filho de Deus e que desejava o bem de todos.*

Como aquelas pessoas do tempo de Jesus, hoje cada um de nós é convidado a conhecer quem ele é, o que ele fez e disse.

(A cada encontro as crianças poderão saber um pouco mais sobre Jesus e acreditar que realmente ele cuida de cada um de nós.)

Celebração

(Apresente uma imagem de Jesus.)

Catequista: *No encontro de hoje vocês conheceram um pouquinho da minha história e reconheceram a importância de pessoas como eu, que ajudam outros a conhecerem o próprio Deus. Grande é a minha alegria em estar com vocês e poder realizar bonitas descobertas!*

(Convide as crianças a dizerem algo em agradecimento pela pessoa do catequista.)

Catequista: *Que Deus nos abençoe para que estejamos sempre juntos em nome do Pai e do Filho e do Espírito Santo. Amém.*

(Oriente a realização do sinal da cruz.)

A fé em Deus

(Organize dois cartazes: um com a frase "Ele está no meio de nós" e outro com uma imagem que represente o povo de Deus. Coloque-os em pontos diferenciados para que, junto com o grupo, no momento da Vivência, caminhem em direção a cada um deles. Prepare também alguns lápis coloridos para o momento da Vivência, além de vela e bacia com água benta.)

Oração

(Reúna o grupo em volta da vela apagada.)

Catequista: *Desde o nosso nascimento nossa família nos ensina a viver. Ela nos apresenta os alimentos e a melhor forma de prepará-los, nos conta histórias para que possamos conhecer o mundo a nossa volta, nos diz o que devemos e o que não devemos fazer, e dessa forma vamos acreditando em tudo o que nos é apresentado.*

(Acenda a vela.)

Catequista: *Assim como essa luz nos ilumina, há uma luz interior que nos anima... Por isso também estamos aqui. Um dia alguém nos disse algo sobre Deus, que ele existe, nos criou e que cuida de nós. Desde criança observamos que é muito importante ter fé e viver esta fé com grande alegria.*

(Convide as crianças a expressarem como se sentem ali reunidas para o encontro. Em seguida, oriente-as a dizerem as seguintes palavras:)

Crianças: *Senhor Deus/ sei que sou pequenino/ mas grande é o meu coração./ Quero acreditar em vós/ como a nossa Igreja acredita/ e espero vos conhecer/ de dia e de noite/ por toda a minha vida./ Amém.*

VIVÊNCIA

(Apresente ao grupo o primeiro cartaz e motive o grupo a pensar no seu significado.)

> **ELE ESTÁ NO MEIO DE NÓS**
>
> Deus existe.
>
> Nós chamamos por ele e acreditamos que ele está conosco em todo tempo e lugar, em toda nossa vida.

Catequista: *Sempre que nos reunimos para celebrar a nossa fé, acreditamos que Deus está junto com a gente. Ele está sempre presente na sua Igreja; ele é a fonte da fé, o modelo do agir cristão e o Mestre da nossa oração: "Ele está no meio de nós".*

Há muito tempo, o povo que vivia no Oriente fez a experiência da presença de Deus. Tudo começou com Abraão, considerado o nosso pai na fé. Ele recebeu a promessa de Deus de que seria pai de um povo muito numeroso, mas para isto acontecer teria que acreditar profundamente nele. Vamos escutar a promessa de Deus a Abraão?

(Reúna o grupo diante da Palavra e proclame: Gênesis 12,1-2; 15,5 e 26,4.)

Catequista: *"O Senhor disse a Abrão: 'Sai de tua terra, do meio de teus parentes, da casa de teu pai, e vai para a terra que eu vou te mostrar. Farei de ti uma grande nação e te abençoarei: engrandecerei o teu nome, de modo que ele se torne uma bênção. Disse-lhe: 'Olha para o céu e conta as estrelas, se fores capaz!' Multiplicarei tua descendência como as estrelas do céu e lhe darei todas estas terras. Por tua descendência serão abençoadas todas as nações da terra'".*

(Apresente o segundo cartaz, que representa a certeza de que Deus existe e anima a vida do povo.)

Catequista: *Ao longo da história, a promessa se cumpriu e muitos povos e gerações creram em Deus. Nós recebemos a fé de Abraão e, por isso, formamos um povo que tem fé em Deus. Também somos* *chamados "Povo de Deus", porque acreditamos que Deus está nos guiando e cuidando de nós.*

Celebração

Catequista: *Ter fé é um grande ensinamento que recebemos. Na nossa família, entre os nossos amigos e na comunidade conhecemos muitos jeitos de viver a nossa fé e por meio destes jeitos nos identificamos e construímos a grande alegria da participação.*

(Neste momento, apresente às crianças os gestos da fé cristã católica, ensinando-as a realizá-los.)

(Realize o sinal da cruz com o grupo e explique.)

Catequista: *De acordo com o* Catecismo da Igreja Católica *(1235), este sinal manifesta a marca de Cristo, impressa naquele que lhe pertence, e significa a graça da redenção que Cristo nos adquiriu pela sua cruz.*

Nos reunimos em nome do Pai e do Filho e do Espírito Santo.

Ação de graças

(Convide as crianças a apresentarem seus agradecimentos.)

Catequista: *Agradeçamos por tudo que Deus fez e faz de bom, de belo e de justo.*

Bênção

(Oriente cada criança a molhar o polegar na água benta e a traçar sobre si mesma o sinal da cruz. O catequista poderá optar por ele mesmo fazer o sinal da cruz sobre a fronte de cada criança.)

Catequista: *Recebamos a graça de Deus presente na água que nos fortalece, que sacia a nossa sede e que nos anima a sermos sempre filhos e filhas por Deus muito amados.*

O desejo de conhecer Deus

(Prepare um painel com imagens que representem diversas situações: o nascimento de uma criança, o cuidado com um idoso, pessoas trabalhando, se alimentando... Um mapa com a representação do mundo ou um globo terrestre poderá ser utilizado. Organize também cartazes de pessoas em atitudes de oração: mãos elevadas, de joelhos, com os olhos fechados, mãos postas em oração...)

Oração

(Convide o grupo a se reunir diante do painel.)

Catequista: *Todos os dias, em vários lugares do mundo, muitas pessoas nascem e são recebidas com grande alegria em suas famílias; outras adoecem e recebem os cuidados necessários; algumas estão trabalhando e outras procuram emprego... estudam... Cada uma vive uma realidade, mas todas trazem em seu coração o grande desejo de conhecer a Deus e de manifestar a sua fé nele.*

Rezemos por todos aqueles que conhecemos e que podem viver esta grande alegria.

(Convide as crianças a dizerem o nome de pessoas por quem desejam rezar, pedindo a Deus que cuide delas para que vivam bem e sejam felizes.)

Vivência

(Converse com o grupo para que as crianças possam apresentar suas primeiras ideias e experiências sobre a curiosidade de conhecer a Deus, quando ouviu falar sobre ele, quem disse...)

Catequista: Olhemos para o mapa/globo. Já ouvimos falar de vários lugares do mundo. Quais lugares vocês sabem que existe?

(Ouça as respostas das crianças, valorizando suas opiniões. Convide o grupo a se reunir diante dos cartazes de pessoas em atitudes de oração: mãos elevadas, de joelhos, com os olhos fechados, mãos postas em oração...)

Catequista: As pessoas que desejam conhecer a Deus vivem a sua vida de um jeito muito especial. Algumas elevam suas mãos, ficam de joelhos, fecham seus olhos, postam as mãos em oração (a cada indicação realize o gesto junto com as crianças)*, e no silêncio do seu coração acreditam, pedem e agradecem a Deus. Vocês já viram alguém realizando estes ou outros gestos? Ficaram curiosos, perguntaram algo? Ouçamos o que o Senhor tem a nos dizer.*

(Apresente a Bíblia e proclame a Carta aos Romanos 12,2.)

Catequista: "Não vos conformeis com este mundo, mas transformai-vos, renovando vossa maneira de pensar e julgar, para que possais distinguir o que é da vontade de Deus, a saber, o que é bom, o que lhe agrada, o que é perfeito".

Não se conformar com este mundo significa recusar o mal, a violência e tudo o que não favorece a vida, o que diminui o ser humano, ou seja, nada disso é vontade de Deus. Diante da maldade, o que este texto pede para nós? O texto emprega uma palavra importante: transformar. O que era de um jeito passa a ser de outro jeito. Quem mentia, agora não mente mais. Quem tinha preguiça, agora não tem mais... É o mesmo que mudar.

O texto fala ainda de conhecer a vontade de Deus e o que lhe agrada. Como podemos saber qual é a vontade dele? Se nós quisermos conhecer a Deus, temos que buscá-lo no caminho do bem, realizando obras boas. Deus só é bondade, portanto, quando praticamos o bem, estamos bem perto dele.

(Anote em uma folha o que cada criança disser e organize um varal para expor o que o grupo refletiu neste encontro. As crianças também poderão ilustrar suas ideias.)

(Inspirado nas palavras do *Catecismo da Igreja Católica*, n. 27, proclame:)

Catequista: "O desejo de Deus é um sentimento inscrito no coração do homem, porque o homem foi criado por Deus e para Deus. Deus não cessa de atrair o homem para si e só em Deus é que o homem encontra a verdade e a felicidade que procura sem descanso".

Celebração

(Relembre os gestos observados nas imagens e a cada um realize uma experiência celebrativa com o grupo.)

Catequista: *Elevar as mãos para louvar ao Senhor, bendizendo tudo que por ele foi criado.*

Todos: *Obrigado, Senhor!*

Catequista: *Ficar de joelhos para ser humilde diante de Deus. Ele é o nosso Pai e cuida de nós como seus filhos e filhas muito amados.*

Todos: *Obrigado, Senhor!*

Catequista: *Fechar os olhos para sentir a alegria do amor de Deus por cada um de nós.*

Todos: *Obrigado, Senhor!*

Catequista: *Postar as mãos em oração para juntos pedir a Deus a força necessária para que a vida seja vivida de acordo com a sua vontade.*

Todos: *Obrigado, Senhor!*

Vivência: Deus é luz

(Se possível, realize a vivência em quatro pontos - fora da igreja, diante do ambão, diante da imagem do povo de Deus e diante da fonte batismal e do Círio Pascal -, associando cada momento com um local da igreja, com tempo suficiente para desenvolvê-lo com tranquilidade.)

Catequista: *O que vocês sabem sobre a luz? Qual sua importância no nosso dia a dia?*

(Valorize as opiniões das crianças, em especial, as próprias experiências delas, associadas à claridade do dia, à energia elétrica responsável pelo funcionamento dos aparelhos etc. Depois, explique fazendo a contraposição entre claro e escuro.)

Catequista: *Sem luz não percebemos bem as coisas, tropeçamos, caímos. A luz é a irradiação do fogo que produz calor, aquece e provoca transformações na natureza.*

(Dirija-se com o grupo para o ambão e mostre a elas o livro sagrado, a Bíblia.]

Catequista: *Daqui é proclamada a Palavra de Deus. Deus se revelou para a humanidade e, desde os tempos antigos, o povo que acredita nele registrou neste livro as ações de Deus no seu meio. Em Israel, antes de Jesus nascer, houve homens escolhidos por Deus, chamados profetas.*

(Dirija-se com o grupo até a imagem do povo de Deus.)

Catequista: *Deus os escolhia para dizer-lhes o seu pensamento. Houve um profeta chamado Isaías, a quem Deus revelou vários pensamentos. Este é um deles: "O povo que caminhava nas trevas viu uma grande luz" (Isaías 9,1).*

Que escutamos de Isaías? Será que os profetas estavam falando de qualquer luz, como a luz elétrica ou a luz vinda das velas? Talvez, falando da luz, quisessem dizer outra coisa, algo muito mais importante que a luz elétrica, ou a luz das velas, ou a luz do sol. Para quem é essa grande luz? Será que essa luz é para nós também? Quem será essa grande luz?

A luz foi criada por Deus. A glória de Deus é comparada com uma grande luz que resplandece no rosto de quem segue o caminho de Deus. Certa vez, diante de três apóstolos, o rosto de Jesus brilhou a ponto de resplandecer. Jesus foi comparado com a luz do sol nascente que vem todos os dias nos visitar pela manhã. Ele mesmo se comparou à luz e disse: "Eu sou a luz do mundo, quem crer em mim, não andará nas trevas, mas terá a luz da vida" (João 12,8).

(Peça que as crianças repitam algumas vezes este versículo e depois reflita com elas.)

Catequista: *Jesus é uma pessoa. Por que, então, ele diz que é luz? Se a luz clareia e possibilita que a gente caminhe sem esbarrar e cair, ele, ao dizer que é luz, o que nos possibilita?*

(Depois de ouvir as considerações das crianças, dirija-se com o grupo para a fonte batismal e apresente-lhes o círio pascal.)

Catequista: *Para nos recordar que Jesus é a luz que ilumina a todos nós, é que nós acendemos as velas. Também por isto a Igreja acende este grande círio, numa grande celebração chamada Páscoa. Depois que o círio é aceso, o sacerdote entra com ele na igreja às escuras e entoa três vezes: "A luz de Cristo". Depois se acendem todas as luzes. Faz isto para nos mostrar que a luz de Cristo vence a escuridão das trevas.*

No dia em que fomos batizados, recebemos esta luz. Nossos padrinhos acenderam uma vela neste círio e a colocaram bem perto de nós.

(Mostre a ilustraão deste encontro que está no Livro do catequizando e da família.*)*

(Se possível, assim como no Batismo, cada criança acenda sua vela no círio e depois caminhe até a porta da igreja com ela.)

Catequista: *Diante desta luz, que é Cristo, renovamos a promessa de levar a sério o nosso Batismo, com a responsabilidade de cuidar para que ela brilhe em toda a nossa vida. Cristo é a luz que guia os nossos passos.*

Então, quais são as atitudes que indicam que a luz de Deus brilha em nossos corações? Todas as vezes que fazemos o bem para os outros e realizamos todas as nossas tarefas, estaremos deixando a luz de Deus brilhar em nosso coração. Ao sair da igreja, vamos deixar a luz de Cristo continuar brilhando dentro de nós.

Celebração de acolhida

(Converse com os responsáveis das crianças e destaque a importância da participação deles na celebração e em todo o processo. Na celebração, deixe o círio pascal aceso em lugar acessível. Prepare uma vela para cada criança. Após a homilia, as crianças se põem de pé.)

Catequista: *Prezado Padre N., diante da comunidade reunida, estas crianças vêm manifestar sua corajosa decisão de seguir a Cristo na mesma fé de nossa Igreja. Elas já se reuniram algumas vezes e querem formar um grupo de fé para conhecer e experimentar a presença e a força de Deus em suas vidas.*

Presidente: *Querido(a) catequista, obrigado pelo seu ministério de evangelizar estas crianças. Peço que cada criança diga seu nome inteiro para que a comunidade possa conhecê-la.*

(Cada criança diz seu nome.)

Presidente: *Queridas crianças, Jesus acolhia as crianças do seu tempo e também as abençoava. Ele também nos ensinou que Deus é Pai de todos nós e esta é a casa daqueles que acreditam nele e conversam com ele. Mesmo sem o ver com nossos olhos, nós sentimos Deus presente em nossas vidas em todos os momentos, sejam eles de alegria ou de tristeza. Vocês querem conhecer a Deus e descobrir como ele se manifesta entre nós?*

Crianças: *Sim, nós queremos.*

(Os responsáveis das crianças se levantam.)

Presidente: *Queridas famílias, a convivência familiar é a continuação da vida da Igreja. Tal como a casa em que Jesus viveu com* *sua mãe e seu pai adotivo em Nazaré, o lar é o lugar da paz, do afeto, do perdão e do cuidado.*

Acertadamente, vocês reconhecem que sozinhos e sem Deus a família facilmente se desestrutura. O amor de Deus une os cônjuges e protege os membros da família da violência e da maldade. Deus abençoe o trabalho e o carinho que vocês dedicam entre si.

Vocês prometem colaborar e incentivar a catequese de seus filhos, participando ativamente do que lhes for proposto neste tempo?

Responsáveis: *Sim, nós nos comprometemos.*

Presidente: *Toda a Igreja é responsável pelo crescimento espiritual de seus filhos. Nós, comunidade de fé, rezamos pelas crianças e valorizamos sua presença entre nós. Nosso testemunho de fé, esperança e caridade é fundamental para que as novas gerações encontrem o tesouro do Evangelho e despertem para a vida da graça.*

Todos: *Senhor, abençoai nossas crianças e tende piedade de nós.*

(Cada criança recebe uma vela, acende-a no círio pascal e permanece junto de seus responsáveis. Toda a assembleia entoa um canto relativo à luz.)

Presidente: *Queridas crianças, sem luz não podemos enxergar, ficamos envoltos na escuridão, tropeçamos e caímos. Jesus Cristo é a luz que guia nossos passos para o bem e para uma vida cheia de alegria e de união. Foi ele quem disse: "Eu sou a luz do mundo, quem crer em mim, não andará nas trevas".*

Fixem o olhar na luz que têm nas mãos. (Pausa.)

Vocês receberam esta luz no dia em que foram batizadas. Sintam que ela brilha no interior do nosso coração e da nossa mente. Cultivando as boas obras, esta luz vai brilhar cada vez mais dentro de nós.

(Oriente as crianças para que repitam cada frase proclamada.)

Catequista: *Senhor Jesus*

Crianças: *Senhor Jesus*

Catequista: *ilumina nosso coração e o caminho de nossa vida*

Crianças: *ilumina nosso coração e o caminho de nossa vida*

Catequista: *para que sempre andemos no caminho do bem*

Crianças: *para que sempre andemos no caminho do bem*

Catequista: *e possamos ter um coração grande*

Crianças: *e possamos ter um coração grande*

Catequista: *para amar e ajudar todas as pessoas.*

Crianças: *para amar e ajudar todas as pessoas.*

Presidente: *Vocês vieram se apresentar a Deus diante da comunidade. Digam, então, o que vocês querem fazer neste ano.*

(As crianças repetem a frase após o catequista.)

Catequista: *Nós queremos nos reunir toda semana para aumentar nossa amizade e conhecer e viver o que Jesus nos ensinou.*

Presidente: *Deus fortaleça o coração de vocês para cumprirem com perseverança o que acabam de prometer.*

(Apagam-se as velas. Crianças e responsáveis colocam-se diante do presidente.)

Presidente: *Jesus abençoava estendendo as mãos sobre as crianças. Em nome dele, farei o mesmo gesto para que vocês sejam fortalecidos com a graça e a força que só ele pode nos dar.*

(As crianças e os responsáveis abaixam a cabeça e o presidente impõe as mãos sobre eles. Depois todos voltam para seus lugares. Continua-se a missa com o Credo.)

UNIDADE 2

Quem é Deus?

(Elabore um cartaz com a pergunta "Quem é Deus?". No centro do cartaz escreva a palavra Pai.)

Oração

Catequista: *Vamos unir o pensamento e o coração e invocar a presença de Deus no meio de nós. Deus é nosso amigo e sempre nos acompanha para nos proteger e nos ajudar. O apóstolo João nos disse: "Ninguém jamais viu a Deus. Se nos amarmos uns aos outros, Deus permanece em nós" (1 João 4,12). O apóstolo João também afirma que: "Quem não ama, não conheceu a Deus, porque Deus é amor" (1 João 4,8).*

Como sinal de que nos amamos uns aos outros, vamos abraçar nosso colega e dizer-lhe: "A paz do Senhor esteja com você". Agora, vamos dar as mãos e rezar o Pai-Nosso...

Catequista: *A história da nossa fé nos mostra que nunca vimos a Deus, mas sempre podemos sentir as coisas boas que ele nos proporciona, especialmente nas horas mais difíceis da vida. Por isso, vamos repetir cada expressão: "Senhor, meu rochedo,/ minha fortaleza,/ meu libertador;/ meu Deus,/ minha rocha, na qual me refugio; / meu escudo e minha poderosa salvação" (Salmo 18,3).*

Vivência

Catequista: *Quem é Deus?*

(Trabalhe com as crianças a resposta, ouvindo atentamente as opiniões delas, e depois encaminhe a conversa.)

Catequista: *Acabamos de rezar o Pai-Nosso, que é a oração que Jesus nos ensinou. Jesus nos diz que Deus é Pai, e é assim que quer que também o chamemos.*

(Ajude o grupo a entender por que Deus é Pai, escrevendo de um lado do cartaz quais são as suas características.)

Catequista: *Deus Pai é justo, dá a cada um o que merece. Mas como ele sabe que somos fracos e limitados, sua justiça ultrapassa todos os limites e, por isso, nos perdoa e nos aceita novamente como seus amigos e filhos. A Bíblia diz que ele não leva em conta as nossas faltas, mas nos perdoa, desde que nos reconheçamos pecadores.*

Como Pai providente, ele atende as nossas súplicas, nos ajuda nos momentos mais difíceis, pois está sempre ao nosso lado. Ele nos ama primeiro e vem ao nosso encontro, basta que aceitemos o seu amor.

Celebração

(Se possível, reúna o grupo na igreja e ressalte as duas dimensões do culto: familiaridade [proximidade] e respeito para com o Senhor.)

Catequista: *Na igreja manifestamos nosso respeito pela presença do Senhor. Afinal, estamos na casa do Senhor. Por isso, entramos em silêncio ou falamos bem baixinho. Ao passarmos diante do altar, fazemos reverência (dobramos nosso corpo) com o sinal da cruz e, se ali estiver o sacrário, então, dobramos um joelho até o chão, isto é, fazemos uma genuflexão com o sinal da cruz. Somente Deus merece este cumprimento, mais ninguém.*

Com estes gestos, nós cumprimentamos a Deus e lhe manifestamos nosso respeito.

(Peça para os catequizandos, em duplas, executarem estes dois gestos, juntos.)

Catequista: *Por outro lado, Deus está sempre conosco e lhe somos muito próximos. Por isso, nas celebrações a gente sempre escuta: "O Senhor esteja convosco", e aí respondemos: "Ele está no meio de nós".*

(As crianças repetem.)

Em silêncio, de joelhos, vamos rezar ao Pai, agradecendo-lhe a vida, os colegas, nossa família, nossa escola e tantas coisas boas que ele nos proporciona.

Vamos conversar com Deus

Oração

(Prepare o local de tal maneira que as crianças possam sentar-se de preferência em círculo, a fim de que olhem umas para as outras e criem uma comunidade de irmãos. O objetivo é estabelecer um clima harmonioso de tranquilidade e de serenidade para que elas se sintam convidadas ao recolhimento e à oração pessoal. A brincadeira acontecerá em outro momento.)

Catequista: *Vamos preparar o corpo antes de iniciar a oração, para garantir uma grande sintonia e concentração.*

(Pode-se fazer um breve relaxamento, como firmar os pés no chão, deixar a coluna ereta, colocar a palma das mãos viradas para cima sobre as pernas, fechar os olhos, inspirar profundamente pelo nariz, expirar pela boca, aguçar o ouvido, escutar os sons de perto e de longe, sentir o pulsar do coração e o calor de quem está perto e cantar com ternura algum refrão meditativo conhecido por você.[1]

Depois de conseguir esta concentração e silêncio, diga alguns versículos ou frases inspiradoras de sua prática de oração que convidem à reflexão. O exercício será breve e poderá ser repetido em outros encontros.)

Vivência

(Inicialmente, ler e comentar o que as famílias escreveram no *Livro do catequizando e da família* sobre o que teriam a dizer a Deus.)

Catequista: *Sobretudo, Deus é uma pessoa que gosta de conversar conosco, estar ao nosso lado e nos ajudar em tudo, sempre com uma condição: que a gente preste atenção nele e goste de conversar com ele.*

---

[1] Cf. GUIMARÃES, Marcelo; LIMA, Julio Cesar. *Celebrações e orações pela paz*. São Paulo: Paulinas, 2005. pp. 14-15.

Para conversar com Deus é fundamental saber escutá-lo para fazer a sua vontade. Nos tempos antigos, a história de Samuel (nome que quer dizer: "Deus escuta") nos ajuda a entender como devemos conversar com Deus. A palavra servo quer dizer "aquele que obedece ou serve a alguém".

(Proclame: 1 Samuel 3,2-10 – Fala, Senhor, que teu servo escuta!)

Catequista: *Certo dia, Eli estava dormindo no seu quarto. Seus olhos começavam a enfraquecer e já não conseguia enxergar. A lâmpada de Deus ainda não se tinha apagado e Samuel estava dormindo no santuário do Senhor, onde se encontrava a arca de Deus. Então o Senhor chamou: "Samuel, Samuel!" – "Estou aqui", respondeu, e correu para junto de Eli: "Tu me chamaste, aqui estou". Eli respondeu: "Eu não te chamei. Volta a dormir!" E ele foi deitar-se. O Senhor chamou de novo: "Samuel, Samuel!" E Samuel levantou-se, foi ter com Eli e disse: "Tu me chamaste, aqui estou". Eli respondeu: "Não te chamei, meu filho. Volta a dormir!" (Samuel ainda não conhecia o Senhor, pois, até então, a palavra do Senhor não se tinha manifestado a ele.) O Senhor chamou pela terceira vez: "Samuel, Samuel!" Ele levantou-se, foi para junto de Eli e disse: "Tu me chamaste, aqui estou". Eli compreendeu então que era o Senhor que estava chamando o menino e disse a Samuel: "Volta a deitar-te e, se alguém te chamar, responderás: "Fala, Senhor, que teu servo escuta!" E Samuel voltou a seu lugar para dormir. O Senhor veio, pôs-se junto dele e chamou-o como das outras vezes: "Samuel! Samuel!" E ele respondeu: "Fala, que teu servo escuta". Palavra do Senhor!*

Todos: *Graças a Deus.*

(Aprofunde a compreensão do texto, pedindo para as crianças recontarem a história.)

Catequista: *Será que Deus sempre nos fala com esta mesma clareza? E é desta forma? Quando ele nos fala? A conversa com Deus se dá do mesmo modo como tratamos os outros. A gente escuta e a gente fala; acontecem as duas coisas, mas uma de cada vez.*

(Oriente o seguinte exercício: forme duplas e peça que uma criança fale à outra o que mais gosta de comer e do que mais gosta de brincar, e vice-versa.

Depois, pergunte o que cada uma escutou da outra e confirme se está correto o que foi dito.)

Catequista: *Da mesma forma, orar é conversar, isto é, escutar Deus e falar-lhe nossas coisas, saber falar e saber ouvir.*

CELEBRAÇÃO

Catequista: *Deus nos fala de muitas maneiras. Deus nos fala em nossa consciência, quando fazemos o bem ao outro, cumprimos nossas tarefas, colaboramos nos trabalhos de casa e respeitamos a natureza.*

Vamos fazer um pacto (ou um trato) de ficarmos atentos ao que o Senhor quer nos dizer. Por isso, repitam: "Senhor,/ eu quero ouvir tua voz,/ assim como fez Samuel,/ que disse: / 'Fala, Senhor, que teu servo escuta!'".

Vamos compartilhar no grupo quais os momentos de oração que temos durante os dias da semana e aos domingos. As imagens do Livro do catequizando e da família *se referem a quais momentos?*

Deus se revela na natureza

Oração

(Proporcione um momento de sensibilização sobre a beleza da criação, convidando as crianças a se dirigirem a um espaço aberto para admirar as plantas, os animais. Então, reze "O louvor pela criação" (Deuteronômio 3,57ss), ao modo de ladainha, dizendo a primeira parte, enquanto as crianças repetem o refrão.)

Catequista: *Sol e lua,*

Crianças: *bendizei ao Senhor!*

Catequista: *Estrelas do alto céu,*

Crianças: *bendizei ao Senhor!*

Catequista: *Chuva e sereno,*

Crianças: *bendizei ao Senhor!*

Catequista: *Relâmpagos e nuvens,*

Crianças: *bendizei ao Senhor!*

Catequista: *Luzes e trevas,*

Crianças: *bendizei ao Senhor!*

Catequista: *Noite e dia,*

Crianças: *bendizei ao Senhor!*

Catequista: *Fogo e calor,*

Crianças: *bendizei ao Senhor!*

Catequista: *Serras e montanhas,*

Crianças: *bendizei ao Senhor!*

Catequista: *Mares e rios,*

Crianças: *bendizei ao Senhor!*

Catequista: *Peixes do mar,*

Crianças: *bendizei ao Senhor!*

Catequista: *Pássaros do céu,*

Crianças: *bendizei ao Senhor!*

Catequista: *Animais selvagens,*

Crianças: *bendizei ao Senhor!*

Catequista: *Filhos dos homens,*

Crianças: *bendizei ao Senhor!*

Vivência

(Proclame o Salmo 19,2.4-5.)

Catequista: *"Os céus narram a glória de Deus, o firmamento anuncia a obra de suas mãos. Não é uma fala, nem são palavras, não se escuta a sua voz. Por toda a terra difundiu-se a sua voz e aos confins do mundo chegou a sua palavra".*

As obras da natureza por si só nos revelam a grandeza do Criador. Como não se extasiar diante de um vale florido, de um campo verde de plantação, ou então quando à noite admiramos a lua e o céu pontilhado de estrelas?

Ao relembrar as obras da criação vamos diferenciá-las dos bens que a ciência desenvolveu por meio da inteligência humana. As obras de Deus: a natureza, as pessoas, os animais, a natureza, o universo... somente ele pode criar.

(No Livro do catequizando e da família *ou numa folha, peça para as crianças desenharem algum elemento da criação. Depois dê oportunidade de expressarem o que quiseram transmitir pelo desenho.)*

Catequista: *É nosso dever proteger a criação divina que foi feita para o nosso bem viver na terra. Por isso, hoje se tornou fundamental valorizar a água, proteger os mananciais e não poluir os rios com esgotos e detritos da cidade. Cabe a nós a responsabilidade de continuar a proteger a natureza. Vocês têm procurado cuidar dela? De que forma?*

Celebração

Catequista: *Deus criou tudo com perfeição e carinho. "Deus viu que tudo que ele fez era muito bom" (Gênesis 1,18). Nós somos guardiães e protetores da obra que Deus fez para o nosso bem.*

Nós vos louvamos por todas as coisas bonitas que existem no mundo (...).

Nós vos louvamos pela luz do dia e por vossa Palavra que é nossa luz.

Nós vos louvamos pela terra onde moram todas as pessoas.

Obrigado pela vida que de vós recebemos.

Todos: O *céu e a terra proclamam a vossa glória! Hosana nas alturas!* (Prefácio da oração eucarística para missas com crianças I).

Deus se revela nas pessoas

(Prepare dois cartões para cada participante desenhar e escrever uma mensagem a duas pessoas que julgar importantes na vida dele.)

Oração

Catequista: *A gente não pode ver Deus, então ele se manifesta também por meio das pessoas com as quais convivemos. O primeiro sinal de que ele está no meio de nós é quando existe paz entre nós. Vamos manter o nosso coração sempre pronto para perdoar e para conviver sem brigas. Por isso, vamos nos saudar, dizendo: "A paz do Senhor esteja com você!".*

(Se houver alguma diferença entre os participantes, procure apaziguar antes a situação. Em seguida, rezem todos o Pai-Nosso.)

Vivência

(Proclame Gênesis 1,26-27 - *Homem e mulher, ele os criou.*)

Catequista: *"Deus disse: 'Façamos o ser humano à nossa imagem e segundo nossa semelhança, para que domine sobre os peixes do mar, as aves do céu, os animais domésticos, todos os animais selvagens e todos os animais que se movem pelo chão'. Deus criou o ser humano à sua imagem, à imagem de Deus o criou. Homem e mulher, ele os criou".*

O que é ser imagem de alguma coisa? Vale comparar com o que vemos no espelho, a realidade de alguma coisa que é refletida. Menino e menina são imagens de Deus. O homem e a mulher são a máxima criação de Deus, porque têm inteligência, vontade, consciência e liberdade. Podemos escolher entre fazer o bem ou o mal a algum colega; porém, se praticarmos o bem, Deus se revelará mais em nós. Quanto mais praticarmos o bem, mais refletiremos Deus em nossa vida, mais nos pareceremos com ele.

As pessoas boas que passam pela nossa vida são sinais da presença dele em nosso meio. Como também as pessoas pobres constituem o seu apelo para o reconhecermos na simplicidade e na caridade.

Vamos fazer dois cartões para cada um de vocês, para que cumprimentem duas pessoas que julgam muito importantes em sua vida, que representem um traço da bondade de Deus em sua vida. Façam um desenho, escrevam uma palavra e depois entreguem pessoalmente a elas.

CELEBRAÇÃO

(Faça uma roda com as crianças e peça que deem as mãos. Se possível, intercale um menino com uma menina.)

Catequista: *Vamos nos olhar e ver que somos todos iguais diante de Deus. Todos fomos criados por ele, isto é, tivemos a mesma origem e temos o mesmo valor. Deus se revela em nós, pois ele mora em nosso coração.*

Vamos nos lembrar daquelas pessoas que amamos (faz-se uma pausa) e, também, daquelas que não amamos (outra pausa). Repitam:

Ó Pai,/ nós vos agradecemos/ pelas pessoas que/ nos mostram a vossa presença/ pelo cuidado e carinho com que cuidam de nós./ Abençoai-as e guardai-as/ em vosso amor./ Nós vos pedimos. Amém.

(Peça que cada criança, em silêncio, se aproxime, e imponha-lhe as mãos; depois, com as mãos estendidas, reze a bênção seguinte, sobre todas as crianças.)

O Senhor te abençoe e te guarde.
O Senhor te mostre sua face e tenha misericórdia de ti.
O Senhor volva para ti seu rosto e te dê a paz.
O Senhor te abençoe.

Deus se revela em Jesus Cristo

Oração

Catequista: Os profetas eram homens de muita oração e, por isso, conseguiam dizer as coisas antes de elas acontecerem. Assim se passou com o profeta Isaías, que viveu muito antes de Jesus e já previra o seu nascimento. Por isso, ele disse: "O povo que andava na escuridão viu uma grande luz, para os que habitavam as sombras da morte uma luz resplandeceu" (Isaías 9,1).

(Acenda uma vela e mostre a figura de uma gestante.)

Catequista: "Eis que a virgem ficará grávida e dará à luz um filho. Ele será chamado pelo nome de Emanuel, que significa: Deus conosco" (Mateus 1,23; Isaías 7,14).

Todos: Ave, Maria... (3 vezes.)

Vivência

Catequista: *"Nisto se manifestou o amor de Deus em nós: Deus enviou seu Filho único ao mundo para que vivamos por ele. Nisto consiste o amor: não fomos nós que amamos a Deus, mas foi ele quem nos amou e enviou-nos seu Filho" (1 João 4,9-10).*

De muitos modos Deus falou à humanidade, mas em nossos tempos ele nos falou de forma definitiva ao enviar o seu único Filho, nascido de uma mulher. Jesus foi igual a nós em tudo, menos no pecado. Ele tem duas naturezas: a humana e a divina. Jesus revelou o amor do Pai para nós e nos mostrou qual é o caminho que nos conduz ao coração do Pai.

(No livro de um dos catequizandos, recorte as figuras do presépio, que estão no apêndice, cole nelas fitas adesivas e, à medida que for relatando o nascimento de Jesus com a história a seguir, vá montando o presépio. Oriente as crianças de que elas deverão fazer a mesma atividade em casa com seus responsáveis, usando o presépio encartado no seu próprio livro.)

Catequista: *(A mãe de Jesus) Maria era uma jovem que vivia com seus pais, Joaquim e Ana, na cidade de Nazaré, na Galileia, e estava prometida em casamento a um homem chamado José. Certo dia, o anjo Gabriel foi enviado por Deus para levar uma mensagem a Maria. Dirigindo-se à jovem, o anjo disse: "Ave, cheia de graça, o Senhor é contigo". Era natural que Maria ficasse admirada com esta saudação e começou a pensar sobre o que tinha ouvido e o que estas palavras queriam dizer. O anjo continuou falando e explicou a razão de sua visita: ela havia sido escolhida para ser a mãe do Filho de Deus. Maria perguntou ao anjo como tudo poderia acontecer, pois ela não era casada, ainda. Logo, logo o anjo respondeu: "O Espírito Santo descerá sobre ti e a força do Altíssimo te envolverá com sua sombra. Por isso, o Santo que nascer de ti será chamado Filho de Deus" (Lucas 1,35-36). Maria entendeu o que Deus lhe pedia e respondeu: "Eis aqui a serva do Senhor, faça-se em mim segundo a tua palavra" (Lucas 1,37). Com o consentimento de Maria, a partir daquele momento, ela gerou em seu seio materno o Filho de Deus, que deveria se chamar Jesus.*

(Quem era José?) José era descendente do Rei Davi e morava em Nazaré, sendo conhecido como um homem de bem. Tinha uma profissão: era carpinteiro. Percebendo que Maria estava esperando um filho, rejeitou-a secretamente, isto é, não disse nada a ninguém, mas se entristeceu com o que estava acontecendo e ficou em dúvida se deveria casar com ela. Mas um anjo do Senhor lhe apareceu em sonho e fez a "revelação" do que acontecia com Maria, afastando assim suas preocupações. A partir daí, José recebeu Maria em sua casa, mostrando-se fiel em aceitar a Palavra de Deus.

(A caminhada para Belém) José e Maria foram convocados para ir a Belém, para se apresentarem ao recenseamento proclamado

pelo Imperador. A caminhada não foi fácil. Durante o dia, o sol forte e, à noite, o frio. Chegando à cidade, procuraram abrigo. Bateram aqui... bateram ali... bateram acolá e só ouviram uma resposta: "Não tem lugar". Cada casa abrigava os parentes das famílias que chegavam de longe. Vão a uma hospedaria... vão a outra, a mais uma... mas seria aquele lugar adequado para uma mãe que espera um filho nascer? Certamente, não; porque nas hospedarias os mercadores chegavam de suas longas viagens, descansavam, faziam negócios e davam de beber às suas montarias – os camelos. Dirigem-se, então, a um campo onde havia umas grutas.

(Nasce o Salvador) Era noite. No céu brilhavam as estrelas. A Lua clareava a imensidão. O Menino nasceu! Foi enrolado em faixas e deitado em uma manjedoura. Perto dali, pastores vigiavam seus rebanhos e um anjo do Senhor apareceu a eles e deu a Boa-Nova. Eles ficaram assustados com tão súbita aparição, mas o anjo disse: "Não temais, eis que vos anuncio uma Boa-Nova, que será alegria para todo o povo: hoje vos nasceu na cidade de Davi o Salvador, que é o Cristo Senhor. E o anjo completou sua missão dizendo: "Achareis um recém-nascido envolto em faixas e posto em uma manjedoura". Logo depois, ao anjo se juntaram muitos outros anjos que cantaram: "Glória a Deus no mais alto dos céus e, na Terra, paz aos homens de boa vontade". Depois que os anjos voltaram ao céu os pastores se apressaram a encontrar Maria, o Menino e José. Então, foram muito apressados a Belém e contaram tudo que ouviram dos anjos e o que haviam encontrado. Todos se maravilhavam com o que os pastores narravam e lembravam-se do que os profetas, tempos e tempos atrás, haviam dito: "Uma virgem conceberá e dará à luz um filho, e o chamará Deus Conosco" (Isaías 7,14).

(A visita dos reis magos) Algum tempo depois, sábios do Oriente vieram a Jerusalém, guiados por uma estrela, visitar o Menino. Mas, naquele tempo, não havia os telescópios potentes de hoje e muito menos GPS; e os sábios tiveram dificuldade em encontrar o lugar onde estava a criança. Então, dirigiram-se ao palácio do Rei Herodes para se informar onde encontrar a criança e seus pais. Herodes se surpreendeu. Logo, logo convocou sua corte e perguntou onde haveria de nascer o Cristo. Ouviu então a resposta: "Pelas leituras do profeta, sabemos que será em Belém de Judá". O rei se

apressou a dizer aos Magos e fez um pedido: "Na volta, peço que me informem onde está o Menino. Eu também quero ir adorá-lo". Os magos partiram e seguiram a estrela, indicando o caminho até parar no lugar onde estava o Menino. Lá chegando, encontraram o Menino Jesus e sua mãe, Maria. Eles o adoraram e entregaram os presentes que haviam trazido. Avisados em sonhos que não deviam voltar para avisar a Herodes, onde estava o Menino, seguiram por outro caminho para sua terra.

Da infância de Jesus pouco se sabe, a não ser que ajudava José na carpintaria e era obediente a ele e a Maria.[1]

Celebração

Catequista: *Quando celebramos o Natal, comemoramos o nascimento de Jesus. O Filho de Deus, ao tornar-se um de nós, possibilitou-nos encontrar o caminho da salvação e dar-nos a vida divina.*

Catequista: *Em nome do Pai, e do Filho e do Espírito Santo.*

Todos: *Amém.*

(Apresente uma vela acesa ou peça para uma criança fazê-lo.)

Catequista: *Ó Pai das luzes,*

Vós iluminais os caminhos da humanidade.

Acendei a chama do amor e do perdão entre nós,

para que possamos acolher o vosso Filho,

verdadeira luz que veio ao mundo para nos tirar da escuridão.

Por nosso Senhor Jesus Cristo, na unidade do Espírito Santo.

Todos: *Amém!*

Catequista: Repitam: "A luz de Deus brilhou para nós!/ Um Filho nos foi dado,/ o Príncipe da Paz veio nos visitar!".

---

[1] Texto de Zélia Maria Wanderley Dantas. *A história de Jesus.*

Jesus passou por este mundo fazendo o bem

(Represente em tecido ou em papel um caminho, de forma que as crianças possam realizar o percurso sobre ele. Em pontos específicos do trajeto, coloque imagens que ilustrem as atitudes de Jesus.)

Oração

(Apresente às crianças um cartaz com a seguinte mensagem: "Ninguém tem maior amor do que aquele que dá a sua vida pelos seus amigos" (João 15,13). Leia para elas a mensagem e convide-as a proclamarem-na.)

Catequista: *Essa é a nossa maior alegria: viver como Jesus viveu, amar como ele amou, pensar como ele pensou, sonhar como ele sonhou. Ele passou pelo mundo fazendo o bem e precisamos aprender a fazer como ele mesmo nos ensinou.*

Crianças: *Eu quero viver como Jesus ensinou!*

Catequista: *Iniciemos rezando juntos a oração que ele mesmo nos ensinou.*

(Apresente cada uma das frases do Pai-Nosso e convide o grupo a dizê-la na sequência. Conclua este momento com a realização do sinal da cruz.)

Vivência

Catequista: *Crianças, vamos fazer um passeio? Neste caminho a ser trilhado, vocês conhecerão algumas das ações de Jesus junto ao povo, as pessoas com quem ele se encontrou e o que disse a elas, alegrando seus corações.*

(Para este momento selecionamos o nome de lugares, situações e atitudes de Jesus e os comentários a serem realizados por você, em vista de organizar o diálogo com as crianças.)

Lugar: Belém.

Situação: Nascimento de Jesus.

Atitude: Ele nasceu como uma pessoa comum, em uma família com uma condição muito simples.

Comentário: Relembre este fato com a turma, mas ressalte que, em sua concepção, Jesus já era reconhecido como o enviado de Deus, aquele que salvaria o mundo, alguém com uma missão muito importante.

Lugar: Rio Jordão.

Situação: Batismo de Jesus.

Atitude: Jesus é batizado pelo seu primo João Batista. Ele reconhece a importância deste momento em sua vida. Sabe que Deus o enviou para fazer o bem.

Comentário: Converse com o grupo de modo a desenvolver com as crianças o significado do Batismo. A partir das considerações do grupo, afirme ser este o momento no qual Jesus inicia a sua vida pública. Ele irá conhecer pessoas e ensinar a elas sobre a vontade de Deus.

Lugar: Galileia.

Situação: Jesus, andando junto ao mar da Galileia, viu dois irmãos, Simão, chamado Pedro, e André, os quais lançavam as redes ao mar, porque eram pescadores (Mateus 4,18).

Atitude: Jesus disse-lhes: "Vinde após mim, e eu vos farei pescadores de homens" (Mateus 4,19).

Comentário: Peça às crianças para imaginarem a situação: Jesus estava passando por um lugar onde pessoas trabalhavam como pescadores. Depois problematize: "O que sabemos sobre a vida de um pescador? Como ele trabalha? O que faz? Como faz? Jesus sabia que aqueles dois irmãos eram grandes trabalhadores e percebeu naquele momento que poderia ensinar muito sobre Deus para eles de forma que se pudessem tornar 'pescadores de homens', ou seja, de forma que também ensinassem e ajudassem as pessoas onde quer que as encontrassem".

Lugar: Caná.

Situação: Jesus encontra um homem que estava com seu filho doente (João 4,46-54).

Atitude: Jesus curou o filho deste homem.

Comentário: Um pai, desesperado pela cura do filho, reconhece que Jesus poderia ajudá-lo. Ele acredita em Jesus e este realiza um milagre. O rapaz estava muito doente, quase morto, mas foi salvo.

Lugar: Betsaida.

Situação: Uma multidão seguiu Jesus, pessoas que vinham de muitos lugares. Elas sentiram fome e ficaram preocupadas com a situação. Como alimentar tantas pessoas?

Atitude: Jesus perguntou o que havia para comer e os discípulos (homens que Jesus escolheu para ajuda-lo) disseram que havia somente cinco pães e dois peixes. Jesus abençoou os pães e peixes e ordenou que fossem repartidos entre todas as pessoas ali presentes. Todos conseguiram comer e ainda sobrou.

Comentário: Jesus realiza um milagre - multiplica pães e peixes. Converse com a turma sobre o que significa a ideia de "multiplicar" e lhes afirme ser este um dos momentos mais importantes da vida de Jesus, conhecido por muitas pessoas e motivo de manifestação de uma grande fé.

(Após a caminhada e observação das imagens [que poderão ser ampliadas com outras curas e milagres de Jesus: o cego de nascença, a ressurreição de Talita e de Lázaro, dos leprosos, dos paralíticos, do surdo-mudo...], entregue uma folha em branco para cada criança e solicite que desenhem o fato que mais lhes chamou a atenção. Com os desenhos, organize um varal expositivo a partir do próprio tema do encontro: Jesus passou por este mundo fazendo o bem. Converse com a turma sobre as consequências da prática do bem, afirmando ser esta a principal atitude de Jesus a ser conhecida e anunciada.)

Celebração

(Reúna o grupo em um círculo. No centro do círculo apresente um cartaz com a seguinte mensagem: "Vós sereis meus amigos, se fizerdes o que eu vos mando" [João 15,14].

(Informe ao grupo que, assim como Jesus fez o bem por onde passou, todos que o conhecem também são chamados a fazer o mesmo. Convide as crianças para o próximo encontro, a fim de que descubram como viver o que Jesus viveu e ensinou.)

Catequista: *Muitas pessoas conhecem uma frase que diz: "Quem canta, reza duas vezes". Por meio das canções nós aprendemos a louvar a Deus e a manifestar a nossa fé nele. Uma delas nos ensina a lembrar as atitudes de Jesus, a forma como ele viveu, e nos inspira a fazer o bem como ele fez. Cantemos:*

Amar como Jesus amou (Pe. Zezinho)

Amar como Jesus amou
Sonhar como Jesus sonhou
Pensar como Jesus pensou
Viver como Jesus viveu
Sentir o que Jesus sentia
Sorrir como Jesus sorria
E ao chegar ao fim do dia
Eu sei que dormiria muito mais feliz

Catequista: *Oremos:*

1. Para que possamos fazer o bem e ser bons...

Todos: *Ajudai-nos, Senhor.*

2. Para que a Igreja anuncie fielmente Jesus Cristo...

Todos: *Ajudai-nos, Senhor.*

3. Para que o Papa, os bispos, os padres e diáconos amem a Deus de todo o coração e vivam imitando a Cristo...

Todos: *Ajudai-nos, Senhor.*

4. Para que em Cristo ofereçamos a Deus a nossa própria vida...

Todos: *Ajudai-nos, Senhor.*

5. *Para que aos pobres e aos que têm fome seja dado o pão de cada dia e nos seus rostos vejamos o de Cristo...*

Todos: *Ajudai-nos, Senhor.*

6. *Para que a Virgem Santa Maria nos acompanhe sempre...*

Todos: *Ajudai-nos, Senhor.*

7. *Para que os cristãos de todas as Igrejas imitem Cristo no seu modo de viver...*

Todos: *Ajudai-nos, Senhor.*

Assim como Jesus, fazemos o bem

Oração

Catequista: *Vamos colocar nossos braços nos ombros dos colegas formando uma roda. Assim, unidos, formamos uma corrente do bem, pronta para ajudar os outros. Jesus disse ao paralítico: "Levanta-te e anda", e às crianças: "Deixai vir a mim as crianças, porque delas é o reino dos céus". Vamos rezar o Pai-Nosso, pedindo ao Senhor que o seu reino de paz se estabeleça entre nós e sejamos corajosos de sempre fazer o bem.*

Pai nosso...

Catequista: *A Virgem Maria, Mãe de Jesus, sempre o acompanhou, seguindo seus passos. Por isto vamos saudá-la.*

Ave, Maria...

Vivência

(Inicie o encontro conversando sobre os acontecimentos bons que envolveram a prática de Jesus, quando esteve historicamente entre nós:

- curou doentes como os leprosos, os epiléticos; deficientes como os cegos e os paralíticos;
- ressuscitou da morte a menina, filha de Jairo, Lázaro, seu amigo, e o filho da viúva da cidade de Naim;
- expulsou o mal de muitas pessoas;

- multiplicou os pães;
- perdoou os pecadores;
- abençoou as crianças...)

Catequista: *Jesus quis que o seu reino de paz e de amizade entre os homens e as mulheres continuasse para sempre, por isso, convocou as pessoas para o seguirem com esta mesma missão.*

(Proclame Marcos 1,16-20.)

Catequista: *"Caminhando à beira do mar da Galileia, Jesus viu Simão e o irmão deste, André, lançando as redes ao mar, pois eram pescadores. Então disse-lhes: "Segui-me, e eu farei de vós pescadores de homens". E eles, imediatamente, deixaram as redes e o seguiram. Prosseguindo um pouco adiante, viu também Tiago, filho de Zebedeu, e seu irmão, João, consertando as redes no barco. Imediatamente, Jesus os chamou. E eles, deixando o pai Zebedeu no barco com os empregados, puseram-se a seguir Jesus".*

Nesta passagem, aparecem duas duplas de irmãos: Simão (Pedro) e André, Tiago e João. Eles eram pescadores num lago muito extenso, chamado mar da Galileia. A Galileia é a região onde Jesus foi criado e viveu até os 30 anos, quando começou a pregar como missionário do reino. Nas praias, ao redor deste mar aconteceram muitas coisas que envolveram Jesus e seu povo. Esta é uma das principais.

Então, pergunto a vocês: Qual era a profissão deles? O que Jesus disse a eles? Qual foi a atitude deles?

Certa vez, Jesus disse a um jovem: "Vem e segue-me" (Mateus 19,21). Hoje, Jesus também nos chama para continuarmos a sua missão de fazer o bem às pessoas. Nós somente somos felizes se praticamos o bem para os outros e o mal, a ninguém.

(Divida alguns grupos de acordo com atividades: escola, família, amigos, comunidade... e cada um deve desenhar e conversar sobre formas de fazer o bem.)

CELEBRAÇÃO

(De joelhos, em roda e, se possível, diante do altar ou do Santíssimo, apresente cada uma das frases da oração e as crianças a repetem, em coro.)

Catequista: *Eu gostaria que o Senhor me escolhesse para alguma coisa, (crianças repetem)*

naquilo que eu lhe possa ser útil. (crianças repetem)
Diga-me com força: "Segue-me". (crianças repetem)
Eu também quero dizer-lhe: "Estou à sua disposição e quero segui-lo". (crianças repetem)
Eu quero aprender a amar a todos (crianças repetem)
e saber o que os outros têm de bom. (crianças repetem)
Diga-me o que espera de mim. (crianças repetem)
Conte comigo, pois eu sempre contarei com o Senhor. (crianças repetem)

Jesus continua conosco

(Reúna o grupo ao redor de uma mesa preparada com toalha, flores, vela, Bíblia, um pão grande, taça [uma ou várias], suco de uva. Se possível, evite materiais descartáveis.)

Oração

Catequista: *Já comparamos a presença de Jesus à luz que ilumina e nos faz ver as cores e as pessoas. Diante desta mesa, somos convidados a descobrir a revelação de sua presença em outros sinais. O importante é saber que o Senhor está sempre conosco e não nos abandona nunca.*

Repitam depois de mim:

Senhor Jesus,/ nosso coração quer estar sempre diante de vós./ Permaneça sempre em nosso coração./ Contamos com o Senhor nos momentos alegres e nas dificuldades./ Sois o nosso amigo de todas as horas./ Pedimos a vossa bênção.

Pai nosso...

Vivência

Catequista: *Jesus continua vivo entre nós. Ele foi para junto do Pai, mas continua presente. Ele quis se identificar com as pessoas frágeis, pobres ou em grande dificuldade; por exemplo, todas as vezes que socorremos os doentes, as crianças, os refugiados, os encarcerados,* *os que sofrem, é a ele mesmo que o fazemos. Pois Jesus afirmou: "Todas as vezes que fizestes isso a um destes mais pequenos, que são meus irmãos, foi a mim que o fizestes!" (Mateus 25,39).*

Também, quando nos reunimos para rezar, temos a certeza de que ele está em nosso meio, pois Jesus disse: "Onde dois ou três estiverem reunidos em meu nome, ali estou eu no meio deles (Mateus 18,20).

Outros sinais privilegiados de sua presença são: o do pão da Palavra proclamada e os do pão e do vinho eucarísticos, sobre os quais rezamos na missa.

(Coloque a mesa em evidência e proclame: João 6,33-35.51 – O Pão da vida.)

Catequista: *"Pois o pão de Deus é aquele que desce do céu e dá vida ao mundo. Eles então pediram: 'Senhor, dá-nos sempre desse pão!' Jesus lhes disse: 'Eu sou o pão da vida. Quem vem a mim não terá mais fome, e quem crê em mim nunca mais terá sede. Eu sou o pão vivo que desceu do céu. Quem come deste pão viverá eternamente'".*

Jesus se comparou ao pão. Quando a gente quer tratar todos os alimentos em conjunto e simplificando num só, dizemos: "O homem não pode viver sem o pão de cada dia". Na oração do Pai-Nosso, Jesus nos ensinou a rezar: "O pão nosso de cada dia nos dai hoje". O pão é essencial para a vida, sem ele não sobrevivemos. Assim como não podemos viver sem nos alimentar, Jesus é o alimento de nossa vida interior. Jesus é o Pão do céu e sem ele também não sobrevivemos.

Aos domingos, dia consagrado ao Senhor, descansamos e fazemos questão de recordar a presença do Senhor que nos acompanha durante a jornada da semana. Por isso, nos reunimos na comunidade da igreja e partimos o pão, recordando tudo o que ele fez e disse entre nós. Assim, reconhecemos que ele é o mais importante. Que tudo provem dele e a ele tudo oferecemos. Pois tudo o que somos e o que fazemos só tem sentido a partir dele. Tudo começa e termina nele.

Celebração

Catequista: *Vamos repetir as afirmações de Jesus: "Eu sou o pão da vida./ Quem vem a mim/ não terá mais fome,/ e quem crê em mim/ nunca mais terá sede./ Eu sou o pão vivo/ que desceu do céu./ Quem come deste pão/ viverá eternamente".*

(Tendo diante de si o pão e o vinho, explique que estes alimentos eram os mais comuns na terra de Jesus. Depois pergunte:)

Catequista: *Quando a gente convida alguém para comer conosco, o que isto significa? Por que Jesus escolheu o sinal do pão para ficar entre nós?*

Para que nunca falte o pão na mesa de nossas famílias, rezemos ao Senhor!

Todos: *Senhor, escutai a nossa prece.*

Catequista: *Para que não falte o trabalho para nossos responsáveis e, assim, consigam o necessário para nossa casa, rezemos ao Senhor!*

Todos: *Senhor, escutai a nossa prece.*

Catequista: *Para que nós sempre busquemos o Senhor, como o verdadeiro Pão que nos alimenta, rezemos ao Senhor!*

Todos: *Senhor, escutai a nossa prece.*

Todos: *Pai nosso...*

Catequista: *Ó Pai, nós vos pedimos que abençoeis este pão, este vinho, sinais que vosso Filho nos deixou para recordar a sua presença entre nós. Ensinai-nos a partilhar o nosso alimento, a nossa amizade e o nosso carinho com todas as pessoas. Que este pão nos sustente e nos ensine a viver na paz e na amizade com todos. Amém!*

(Reparta o pão e o suco de uva e que todos se alimentem. Depois abençoe em conjunto ou individualmente.)

Catequista: *Que o Senhor Jesus Cristo esteja a teu lado para te defender, dentro de ti para te conservar, diante de ti para te conduzir, atrás de ti para te guardar, acima de ti para te abençoar. Ele que vive e reina pelos séculos dos séculos. Amém.*

Unidade 3

Eu creio em Deus

(Coloque uma vela longa no castiçal. Ela será acesa no final do encontro.)

Oração

(Proporcione um momento de sensibilização sobre a beleza da criação. Convide as crianças para admirar as plantas, os animais, alguns grãos de alimentos... utilize imagens, ou materiais, ou plantas disponíveis.)

Catequista: *A grandeza da criação com sua beleza e esplendor ultrapassa nosso entendimento. O dia com a luz brilhante, a noite com a lua e as estrelas... tudo nos faz ver e sentir a mão criadora de Deus. De nossa parte, cabe a admiração, o reconhecimento e a ação de graças por tudo de bom que recebemos.*

Vamos ficar de joelhos e pôr as mãos em oração, em profundo sinal de que reconhecemos e aceitamos a bondade de Deus em nossa vida. (Faz-se uma pausa.)

Agora, repitam:

Eu creio que Deus é Pai/ e criador do mundo.

Eu creio que Deus nos enviou seu Filho/ Jesus Cristo/ para nos salvar.

Eu creio que o Espírito Santo de Deus/ permanece entre nós.

Ó Pai, nós vos pedimos que a luz da fé ilumine o coração destas crianças, para que elas possam sempre vos amar e vos respeitar por toda a vida. Que elas se mantenham sempre unidas em vossa amizade. Por Cristo Nosso Senhor, na unidade do Espírito Santo. Amém.

Vivência

Catequista: *Esta vivência tem o objetivo de mostrar os dois movimentos da fé. De Deus para o ser humano e deste para Deus. A luz da fé nos foi dada por Deus em nosso Batismo e ela precisa da nossa adesão para iluminar nosso interior.*

Na passagem da cura do cego de nascença, fica claro que primeiramente ele foi iluminado com a luz deste mundo. Num segundo momento, foi iluminado com a luz da fé e, assim, viu o Filho de Deus naquele homem que realizara o milagre. Então, prostrou-se diante dele, isto é, acreditou.

(Proclame: João 9,1.6.35-38.)

Catequista: *Jesus ia passando, quando viu um cego de nascença. Jesus cuspiu no chão, fez barro com a saliva e aplicou-a nos olhos do cego. Disse-lhe então: "Vai lavar-te na piscina de Siloé". O cego foi, lavou-se e voltou enxergando.*

Mais tarde, quando o que foi curado se encontrou com Jesus, Jesus lhe perguntou: "Tu crês no Filho do Homem?" Ele respondeu: "Quem é, Senhor, para que eu creia nele?" Jesus disse: "Tu o estás vendo; é aquele que está falando contigo". Ele exclamou: "Eu creio, Senhor!" E ajoelhou-se diante de Jesus.

(Retome os passos desta passagem com as crianças, usando a sequência de imagens deste Encontro 16 no *Livro do catequizando e da família*.)

O cego conversava com Jesus e pediu a cura. Você conversa com Deus e já lhe pediu alguma coisa? Assim como Jesus conversou com o cego e disse-lhe o que tinha de fazer, ele também conversa com cada um de nós. Como Deus conversa com a gente? O que nos pede?

Depois de curado, o cego se encontrou novamente com Jesus. O que tinha mudado em sua vida? O que Jesus perguntou a ele? Quem

Jesus disse que era? Qual foi a reação dele diante do milagre da cura? Qual foi a luz que o ajudou a enxergar quem era Jesus? Quando recebemos esta luz? Onde ela está em nós?

(Depois destas perguntas, em que as crianças podem se manifestar espontaneamente, conclua a explicação.)

Catequista: *A luz da fé nos foi dada em nosso Batismo. Ela nos permite ver o invisível, isto é, Deus. Crer é algo que a gente não vê com os nossos olhos. Mas esta luz somente brilha em nosso coração se acreditarmos em Deus. Há a parte de Deus e a nossa. Porque teve fé, ele enxergou e aceitou a divindade de Nosso Senhor: este foi o milagre! A luz deste mundo fez aquele que antes era cego ver as coisas deste mundo; iluminado com a luz da fé, ele passou a ver a Deus.*

A luz da fé brilha quando estamos alegres, fazemos o bem para o outro, cumprimos o nosso trabalho, estamos em paz e sem brigas... Tudo isso faz sentir a presença de Deus em nosso meio.

Celebração

Catequista: *Vamos pedir a Deus que a luz da fé brilhe sempre em nosso coração. Ao acender a luz desta vela, queremos que o Senhor ilumine o interior de nosso coração para que possamos viver cada vez mais unidos a ele.*

(Acenda a vela do castiçal.)

Catequista: *Olhando firmemente para a chama de luz, repitam:*

Ó Pai,/ eu creio em vós,/ creio que estais sempre comigo,/ em todos os lugares./ Creio em Jesus,/ vosso Filho,/ nosso irmão e nosso amigo./ Creio no Espírito Santo/ que vive entre nós./ Creio que nos amais/ e quereis sempre o nosso bem./ Obrigado, Senhor.

A família crê

(Se possível, conclua o encontro na nave da igreja.)

Oração

Catequista: *Vamos rezar por nossa família. Nossa casa é lugar de descanso, de carinho e de crescimento. Nossa atitude é de colaboração e ajuda. Jesus também nasceu numa família na pequena cidade de Nazaré. Aprendeu o ofício de carpinteiro com José, seu pai adotivo, e aprendeu a rezar com sua mãe.*

(Todos rezam a Ave-Maria.)

Catequista: *Depois de cada prece, respondam: Senhor, escutai a nossa prece.*

Pelos nossos pais, responsáveis e todos aqueles que cuidam de nós, para que tenham saúde, trabalho e força para cumprir suas obrigações. Rezemos:

Crianças: *Senhor, escutai a nossa prece.*

Catequista: *Por todas as crianças brasileiras e do mundo, para que tenham quem cuide delas e quem as proteja e eduque, sem lhes faltar a comida e a educação. Rezemos:*

Crianças: *Senhor, escutai a nossa prece.*

Catequista: *Para que nossas famílias rezem mais e tenham mais fé em Cristo. Rezemos:*

Crianças: *Senhor, escutai a nossa prece.*

Vivência

Catequista: *Ao refletir sobre a fé da Sagrada Família, este encontro busca incentivar a vivência da fé familiar.*

Jesus morava na pequena cidade de Nazaré, situada ao norte, e a capital do seu país era Jerusalém, situada ao sul. Com sua mãe, Maria, aprendeu a rezar e a fazer alguns trabalhos domésticos e com seu pai aprendeu o ofício de carpinteiro; por isso, era chamado "o filho do carpinteiro" (Mateus 13,55).

Anualmente, por ocasião da festa da Páscoa, havia o costume do povo de Israel de ir visitar o grande templo ou santuário nacional de Jerusalém.

(Proclame: Lucas 2,41-42.51-52.)

Catequista: *"Todos os anos, os pais de Jesus iam a Jerusalém para a festa da Páscoa. Quando ele completou doze anos, eles foram para a festa, como de costume. Depois, Jesus desceu com seus pais para Nazaré e era obediente a eles. Sua mãe guardava todas estas coisas no coração. E Jesus ia crescendo em sabedoria, tamanho e graça diante de Deus e dos homens".*

Como era a família de Jesus? Qual a profissão que aprendeu com José? Nossas famílias podem ser organizadas de muitas maneiras. Como se organiza a sua?

José e Maria eram obedientes a Deus, ensinaram Jesus a rezar e a ir ao templo de Jerusalém. Em que momentos ou situações você reza com sua família? Vamos seguir o exemplo de Jesus e ir também até a nossa igreja para rezar.

Celebração

Catequista: *A família que reza unida permanece unida. Em nossa casa, podemos rezar sempre antes do almoço e do jantar. A nossa oração pode ser simples. O importante é que reconhecemos que Deus está conosco e nos une no respeito e na ajuda que queremos ter entre nós em casa. Diante de Jesus e de sua Mãe, vamos nos comprometer de ajudar nossa família a crer e a rezar.*

Fiquemos de joelhos e em silêncio. (Pausa.)

Catequista: *Repitam:*

Ó Pai,/ nós vos louvamos/ e vos agradecemos por nossa família./ Que lá em casa/ tenha sempre paz,/ perdão e respeito/ entre todos nós./ Guardai e protegei a todos./ Abençoai meus pais,/ meus irmãos e minhas irmãs./ Diante de vós,/ me comprometo/ a rezar todos os dias/ e a ajudar a todos em casa./ Amém.

Viver a fé em comunidade

(Com antecedência, convide alguém para contar a história da comunidade, ou prepare um pequeno histórico sobre os inícios da comunidade, buscando algumas fotos, dados de pessoas que transmitiram a fé na comunidade.)

Oração

Catequista: *Aos domingos nos reunimos para rezar em comunidade, participamos da missa. Deus quer o seu povo unido como uma família, a família do povo de Deus. Por isso, rezemos juntos:*

Pai nosso...

Catequista: *A Mãe de Jesus é também a nossa Mãe, por isso sempre a saudamos.*

Ave, Maria...

Vivência

Catequista: *Jesus, quando esteve entre nós, chamou pessoas para segui-lo mais de perto: são os apóstolos. Eles eram doze e reuniam muitas pessoas para anunciar o Reino de Deus. Depois que Jesus morreu, eles continuaram a obra de Jesus e o número de seguidores ficou cada vez maior.*

(Proclame: Marcos 1,16-20 – Vocação dos primeiros discípulos.)

Catequista: *O que os dois irmãos, Pedro e André, estavam fazendo na beira do mar? Qual o convite que Jesus lhes fez? Que quer dizer a expressão "pescadores de homens"? Como eles responderam? Que faziam Tiago e João? Jesus também os chamou? Como eles responderam? A gente pode escutar a voz de Deus falando conosco em nosso coração? Deus também nos chama para fazer alguma coisa?*

Somos um povo que tem fé. A gente não crê sozinho, mas em comunidade. Não é a gente que inventa a fé, mas ela nos foi transmitida de pai para filho, de um tempo para o outro.

(Relembre os inícios da comunidade, ilustrando a narrativa com fotos e com o testemunho de pessoas significativas que contribuíram para a transmissão da fé na comunidade.)

Celebração

(Se possível, realize a celebração na igreja.)

Catequista: *A procissão de entrada na missa é uma forma de mostrar que formamos um povo que caminha junto para a casa do Pai. Aquela pequena procissão representa todos nós. Quando ela é feita de forma completa, traz a cruz e a Bíblia à frente, e depois seguem os ministros que vão ler a Palavra e ajudar no altar. Por último, vem aquele que irá presidir a celebração.*

Somos um povo guiado pela cruz e pela Palavra do Senhor e caminhamos em direção à casa do Pai.

(Forme uma pequena procissão e convide uma criança para levar a Bíblia à frente. Se estiverem na igreja, caminhem em direção ao altar e façam reverência diante dele ou dobrem o joelho diante do Santíssimo.)

Catequista: *Vamos fazer nossas preces ao Pai, pedindo pelas nossas necessidades. Depois de cada prece, respondemos: "Senhor, escutai a nossa prece".*

(No final, reze o Pai-Nosso e abençoe as crianças.)

A Palavra de Deus

(Prepare a mesa com toalha, Bíblia e velas. Disponha de um vaso com terra, sementes e água para regar. Ensaie algum canto sobre a Palavra de Deus.)

Oração

Catequista: *Em nome do Pai, e do Filho e do Espírito Santo.*

Nós precisamos de luz para caminhar. Também precisamos da luz interior para tomar decisões justas e fazer o bem para os outros. Deus está sempre conosco e é ele que ilumina o caminho de nossa vida e o interior de nosso coração.

(Cuidadosamente, uma criança acende as velas que foram preparadas.)

Catequista: *Deus sempre se comunica conosco. Ele tem seu jeito próprio de dizer as coisas. O povo judeu percebeu nos acontecimentos de sua história que Deus estava com ele. Ao longo de muito tempo, eles foram registrando em livros os fatos nos quais viam a poderosa mão de Deus atuar. Acreditamos que Deus iluminou os autores destes livros para eles mostrarem o jeito de Deus, seu pensamento e a sua vontade. Por isso, dizemos que estes livros são sagrados.*

Eles foram reunidos num só volume: a Bíblia. Daí vem a palavra biblioteca, lugar que tem muitos livros.

(Uma criança leva a Bíblia até a mesa. Mostre onde estão escritos os versículos abaixo, proclame-os, e as crianças os repetem.)

Catequista: *"Tua Palavra é lâmpada para os meus pés e luz para o meu caminho" (Salmo 119,105).*

Crianças: *"Tua Palavra é lâmpada para os meus pés e luz para o meu caminho".*

Catequista: *"Faze-me entender e guardar tua lei, para observá-la de todo o coração" (Salmo 119,34).*

Crianças: *"Faze-me entender e guardar tua lei, para observá-la de todo o coração".*

Catequista: *Vamos rezar a oração que Jesus nos ensinou e na qual ele também nos ensina a ouvir e a fazer a vontade do Pai. Rezemos juntos:*

Pai nosso...

VIVÊNCIA

Catequista: *Jesus usava comparações para ajudar o povo a entender o que ele queria ensinar; estas comparações são chamadas de parábolas.*

(Proclame a primeira parte da parábola do semeador [Lucas 8,4-8]. Identifique a função do semeador; o processo que sofre a semente ao cair na terra; depois, o que aconteceu com a semente em cada um dos vários terrenos.

Utilizando as sementes e o vaso com terra, refaça com as crianças as etapas: preparar o solo, cavar, depositar a semente, cobrir com a terra e regar. Em seguida, proclame: Lucas 8,11-15, novamente compartilhando a compreensão do texto com as crianças. Ajuda-as a fazer a comparação da semente que cai na terra boa e brota com a semente da Palavra de Deus, que, caindo no nosso coração, deverá encontrar um solo bom, para poder brotar e dar frutos. Por fim, pergunte:)

Catequista: *Como podemos saber que a Palavra de Deus encontrou no nosso coração um solo bom para poder brotar, ou um terreno pedregoso e espinhento?*

(Em seguida, realize com as crianças a atividade sugerida no *Livro do catequizando e da família*. Conclua o encontro combinando um gesto para o grupo praticar durante a semana.)

Celebração

(O grupo coloca-se diante da mesa com o livro da Bíblia e com o vaso com as sementes plantadas.)

Catequista: *A Palavra de Deus anuncia as promessas, isto é, as coisas boas que Deus promete fazer para nos ajudar a viver como irmãos. A Palavra nos consola na tristeza, nos dá forças quando nos sentimos fracos. Por isso, fazemos um gesto de reverência diante dela, isto é, dobramos nosso corpo diante dela.*

(Reverencie o livro sagrado e depois ajude cada criança a repeti-lo.)

Catequista: *Outro sinal que mostra como amamos a Palavra de Deus, a qual revela as promessas que Deus fez para nos salvar, é o beijo.*

(Beije o livro sagrado e depois o ofereça para cada criança beijá-lo. Por fim, repita os versículos, como no início do encontro.)

Catequista: *"Tua Palavra é lâmpada para os meus pés e luz para o meu caminho" (Salmo 119,105).*

Crianças: *"Tua Palavra é lâmpada para os meus pés e luz para o meu caminho".*

Catequista: *"Faze-me entender e guardar tua lei, para observá-la de todo o coração" (Salmo 119,34).*

Crianças: *"Faze-me entender e guardar tua lei, para observá-la de todo o coração".*

Catequista: *Rezemos juntos:*

Pai nosso...

20º encontro

Escutar a Palavra

(Se possível, realize a vivência em três pontos diferentes da igreja.)

Catequista: *(Fora da igreja) Inicialmente, vamos fazer um exercício de escuta, pois é muito mais fácil falar que escutar o outro; ainda mais atualmente, quando se multiplicam as mídias para nos distrair a atenção e impedir o silêncio.*

(Este exercício tem a finalidade de preparar o grupo para ouvir a Palavra de Deus e pode durar de 15 a 20 minutos. Prepare um local onde as crianças possam sentar-se em círculo, preferivelmente no chão, e acomodar-se com tranquilidade. Oriente sobre a postura corporal: pernas cruzadas, palmas das mãos sobre os joelhos e voltadas para cima. Faça o exercício de fechar os olhos e de respirar, para que sintam conscientemente o movimento de inspirar e expirar lenta e profundamente. Fale sempre com calma e em tom baixo. Após repetir isto algumas vezes, ajude-as a prestar atenção nos sons externos, a sentir o coração bater. Peça que recordem a voz de alguém da família fazendo uma recomendação ou dando algum conselho. Volte a pedir ao grupo para tomar consciência da respiração e, depois, abrir lentamente os olhos.

A segunda parte do exercício de escuta busca formar a consciência para ouvir o outro. Forme duplas com a tarefa de um contar ao outro, sem interrupção, algo que lhe tenha acontecido. Depois cada um partilha no grupo o que ouviu.)

Catequista: *(No ambão) Acreditamos pela fé que Deus nos fala por meio de sua Palavra. Nenhuma palavra deste mundo é maior do que a Palavra de Deus. Até nossos pais não podem dar conselhos diferentes da Palavra de Deus.*

(Mostre às crianças o livro sagrado, a Bíblia.)

Catequista: *Na missa, deste lugar é proclamada a Palavra de Deus. Deus se revelou para a humanidade e, desde tempos antigos, o povo que acredita nele registrou neste livro as ações de Deus no* *seu meio. Trata-se de um diálogo: Deus fala e nós o escutamos; depois, nós lhe dirigimos a palavra em forma de orações.*

(Peça para as crianças sentarem-se próximas do ambão, em condições de escuta, e proclame: Isaías 55,10-11 – *A Palavra não volta sem ter cumprido a sua missão.*)

Catequista: *Assim como a água que vem do alto molha o chão, fecunda a semente e a faz brotar, também a Palavra de Deus vem do alto, cai em nosso coração e cumpre em nossa vida o que ela diz. Por exemplo: a previsão do tempo informa que vai chover e normalmente acontece. A Palavra de Deus é mais eficaz ainda: sempre cumpre o que promete.*

Deus nos falou, agora é a nossa vez de lhe responder. Espontaneamente, cada um de vocês faça um pedido ou agradecimento ao Senhor, e a cada prece responderemos: "Senhor, escutai a nossa prece".

Catequista: *(Na porta da Igreja) Quem devemos ouvir em nossa vida? Quando a gente percebe que Deus fala em nosso coração? No coração, sempre ouvimos a voz do bem, daquilo que devemos fazer. Vamos fazer o propósito de sempre ouvi-la, colocando em prática o que ela nos diz.*

21º *encontro*

Quando não escuto a Palavra

(A oração inicial poderá ser feita na igreja para facilitar o gesto de ajoelhar-se.)

Oração

Catequista: *Quando conversamos, outra pessoa fala e nós escutamos, para depois respondermos. Deus nos fala por sua Palavra e nós queremos cumprir o que ele nos diz. Mas, muitas vezes, somos orgulhosos e fazemos tudo de acordo com nosso modo de pensar. Não escutamos a Deus. Por isso, pedimos que Deus nos perdoe por não o ouvirmos e fazermos o mal. O gesto de ficar de joelhos indica que reconhecemos que Deus é maior que nós e que precisamos que ele perdoe nossas faltas.*

(As crianças se ajoelham.)

Catequista: *Vamos nos lembrar de quando prejudicamos um colega ou não cumprimos com nossas tarefas em casa. Vamos pedir perdão a Deus pelas coisas ruins que praticamos. (Pausa.)*

Catequista: *Quando Jesus passou numa cidade, um cego disse em voz bem alta: "Jesus, tende piedade de mim que sou pecador!". Vamos repetir duas vezes: "Jesus, tende piedade de mim que sou pecador!".*

(Convide e ajude as crianças a pedirem perdão de forma espontânea.)

Catequista: Ó *Pai, perdoai nossas faltas, principalmente quando fechamos nosso coração e não ouvimos a sua voz. Queremos ser um terreno bom onde vossa Palavra possa sempre brotar e dar os frutos das boas obras.*

Crianças: *Amém.*

Catequista: *Rezemos juntos a oração que Jesus nos ensinou:*

Pai nosso...

Vivência

Catequista: *Jesus nos contou uma parábola sobre um filho que não quis ouvir o que o seu Pai lhe disse. Ouçamos o que aconteceu.*

(Em um primeiro momento, leia a primeira parte da parábola [Lucas 15,11-20a]; retome com as crianças como tudo se passou; depois lhes pergunte qual será a reação do pai quando o filho chegar. Organize alguns grupos para encenar os possíveis diálogos do pai com o filho.

Em um segundo momento, leia Lucas 15,20b-24: a segunda parte da parábola que trata propriamente da reação do pai ao receber o filho. Converse com o grupo sobre o trecho lido.)

Catequista: *Vocês concordam com a atitude do pai? Como vocês acham que o filho se sentiu? Tal como o pai e o filho da parábola, Jesus nos mostra como Deus Pai nos perdoa, mesmo quando agimos mal. Deus é um pai bondoso, que nos ama apesar de nossas fraquezas.*

Celebração

Catequista: *Deus é um pai bondoso que nos ama e perdoa nossas faltas. Por isso, queremos sempre voltar para ele e sentir-nos abraçados. Assim como ele nos perdoa, também perdoamos as pessoas que nos ofendem. Vamos pensar naqueles colegas que nos ofenderam, ou até naqueles com quem ficamos de mal. De coração, vamos perdoá-los. Repitam esta frase: Pai querido, assim como o Senhor nos perdoa, eu também quero perdoar sempre.*

Crianças: *Pai querido, assim como o Senhor nos perdoa, eu também quero perdoar sempre.*

Catequista: *Quando abraçamos alguém, quer dizer que a queremos bem e estamos em paz com ela. Vamos nos abraçar e dizer: "A paz esteja com você". (Pausa.)*

Catequista: *Quando rezamos o Pai-Nosso, dizemos: "Perdoai-nos as nossas ofensas, assim como nós perdoamos a quem nos tem ofendido". Com esta atitude, vamos rezar: Pai nosso...*

Celebração do perdão

(Disponha o grupo em círculo. Ensaie algum canto sobre o perdão, de maneira que as crianças o saibam de memória. Inicialmente, converse sobre as coisas boas que fazemos e aquelas pelas quais prejudicamos a nós e aos outros. Distribua folhas em branco dobradas ao meio e peça para elas desenharem de um lado algo de ruim que tenham feito e do outro o que cada uma poderia fazer de bom. Inicie a celebração após obter um clima favorável de calma e de silêncio.)

Catequista: *Em nome do Pai e do Filho e do Espírito Santo.*

Todos: *Amém.*

Catequista: *Ó Pai, nós vos agradecemos porque nos enviastes vosso Filho Jesus Cristo que nos revelou o vosso amor cheio de bondade. Por isso, ele mesmo perdoou os pecadores e devolveu a paz aos corações. Vendo nosso coração cheio de coisas boas e más, vos pedimos perdão. Senhor, tende piedade de nós!*

Todos: *Senhor, tende piedade de nós!*

Catequista: *Cristo, tende piedade de nós!*

Todos: *Cristo, tende piedade de nós!*

Catequista: *Senhor, tende piedade de nós!*

Todos: *Senhor, tende piedade de nós!*

Catequista: *Vamos ouvir uma comparação que Jesus fez: "Quem de vós que tem cem ovelhas e perde uma, não deixa as noventa e nove no deserto e vai atrás daquela que se perdeu, até encontrá-la? E quando a encontra, alegre a põe nos ombros e, chegando em casa,* *reúne os amigos e vizinhos e diz: 'Alegrai-vos comigo! Encontrei a minha ovelha que estava perdida!' Eu vos digo: assim haverá no céu alegria por um só pecador que se converte, mais do que por noventa e nove justos que não precisam de conversão" (Lucas 15,4-7).*

(Refaça os passos da parábola com o grupo.)

Catequista: *Por que a ovelha se perdeu? Hoje, quem é o Pastor, e as ovelhas? Quem é a ovelha perdida? Quando ficamos perdidos como aquela ovelha?*

(Convide cada criança a colocar seu papel no centro da roda e explicar o que pretende realizar de bom.)

Catequista: *Perdoar é um ato de amor de Deus. Quando somos perdoados de nossas faltas por Deus ou por alguém que ofendemos, sentimos grande paz dentro de nós. Um dia Jesus disse: "A paz esteja convosco". Então, soprou sobre os apóstolos e falou: "Recebei o Espírito Santo" (cf. João 20,21-22). Por isso, vamos sempre buscar a paz, ser pessoas de paz e de bem.*

Vamos ficar em roda e, de mãos dadas, rezar o Pai-Nosso.

Pedir e agradecer a Deus

Oração

Catequista: *Deus é o criador do mundo e de tudo o que existe. Nós somos fracos, ficamos doentes, temos fome, perdemos o trabalho e um dia morreremos. Por isso, sempre precisamos recorrer a Deus para nos ajudar em nossas necessidades. Nosso Pai bondoso nos socorre. Porém, a ajuda dele não acontece só do jeito que desejamos. Ele sabe mais e os caminhos dele, normalmente, são diferentes dos nossos.*

(Disponha o grupo em círculo e, de mãos dadas, peça que repitam cada frase proclamada.)

Catequista: *Ó Pai bondoso,/ nós vos agradecemos/ por ter criado este mundo tão grande e tão bonito./ Vos agradecemos/ porque nos destes saúde,/ inteligência/ e condições de estudar e de brincar./ Vos agradecemos/ porque nos enviastes vosso Filho Jesus,/ nosso irmão,/ que nos ensinou a fazer o bem/ e a nos respeitarmos uns aos outros.*

A Mãe de Jesus, a Virgem Maria, também é nossa Mãe, e ela pede junto a Deus por todos nós. Por isso, nós a saudamos:

Ave, Maria...

Vivência

Este encontro quer educar as crianças a não pensar apenas em suas necessidades imediatas e, consequentemente, a não pedir só para si mesmas, mas a desenvolver o olhar para o outro e enxergar as necessidades mais amplas, por exemplo: a saúde de alguém, a paz numa família, o desemprego de uma pessoa próxima...

Ajude-as a ampliar a consciência do que é pedir a Deus, submeter-se à sua vontade e ser-lhe sempre gratas, porque, antes de tudo, ele é o autor da vida e de todo o criado.

O segundo objetivo consiste em despertar a consciência para reconhecer o outro que me faz o bem. Daí nasce a virtude do agradecimento. Em primeiro lugar, nosso reconhecimento se dirige ao Criador, que, sem mérito algum de nossa parte, deu a vida e nos cumulou de todos os bens. Jesus nos deu o exemplo, porque, sempre antes de realizar um milagre ou algum ato solene de sua vida, deu graças ao Pai.

Com o tempo, a criança irá entender que nossa ação de graças ao Pai se dá pela criação e mais ainda porque nos enviou o seu Filho único para nos salvar. Esta é a grande ação de graças que realizamos quando celebramos a Eucaristia.

Atividade

(Proclame: Lucas 17,11-19 - *A cura dos dez leprosos, dos quais somente um voltou para agradecer*. É importante ler o texto diretamente do livro do Evangelho. Apresente a imagem que ilustra esta passagem no *Livro do catequizando e da família* e, passo a passo, reconstrua o episódio com o grupo. Depois, problematize a situação.)

Catequizando: *Como é a doença da lepra? No tempo de Jesus, a lepra não tinha cura e era tida como contagiosa. No texto, quantos foram curados e quantos voltaram para agradecer? É mais fácil pedir do que agradecer? Quando a gente agradece alguma coisa em casa? O que a gente deve agradecer a Deus?*

Habitualmente, vamos nos acostumar a dizer "muito obrigado" e "graças a Deus" como fruto da atitude interior de humildade que supera nossa autossuficiência e nos devolve o sentido de comunidade e de necessidade do outro. Antes de qualquer coisa, a postura que cabe ao cristão é agradecer a Deus que nos criou, nos redimiu e, hoje, nos conduz. Todo bem e toda fartura vêm do Pai. O mal é fruto do pecado, não provém dele, nem é de sua vontade.

(No *Livro do catequizando e da família*, peça para as crianças colorirem as situações e pessoas a quem devemos agradecer.)

Celebração

(Estimule as crianças a formularem seus pedidos e depois sua ação de graças; ao mesmo tempo, anote estas preces, que serão rezadas pelo grupo.)

24º encontro

Celebração de agradecimento

(Convide as famílias para participar e prepare com elas uma mesa com alimentos. Próximo à mesa ocorrerá a celebração e posteriormente a confraternização de encerramento. Se possível, disponha velas e flores na mesa, e escolha um canto adequado. Com roupas próprias, ensaie quatro ou mais crianças para encenar a proclamação dos Atos dos Apóstolos.)

Catequista: *Neste ano aprendemos a agradecer primeiramente a Deus, porque nos deu a vida e tudo o que existe. Hoje, vamos olhar ao nosso redor e reconhecer quantas coisas boas o Senhor colocou em nosso caminho, para fazermos bom uso delas.*

(Convide adultos e crianças para dizer os motivos que os levam a dar graças a Deus. Ao final de cada intervenção, combine uma resposta de todo o grupo. Depois reze:)

Catequista: *Vamos recordar as ações que Deus realizou em nosso tempo e vamos aclamá-lo:*

Todos: *"Damos graças ao Senhor, porque ele é bom; porque eterno é seu amor" (Salmo 118,1).*

Catequista: *Ó Pai, nós vos damos graças porque criastes o mundo e nos destes vida e inteligência.*

Todos: *"Damos graças ao Senhor, porque ele é bom; porque eterno é seu amor" (Salmo 118,1).*

Catequista: *Ó Pai, vós nos enviastes Jesus Cristo, seu único Filho, que esteve entre nós fazendo o bem, curou os doentes, perdoou os pecadores e nos ensinou a amar-nos uns aos outros.*

Todos: *"Damos graças ao Senhor, porque ele é bom; porque eterno é seu amor" (Salmo 118,1).*

Catequista: *Ó Pai, o Espírito de Jesus permanece em nosso meio. É um Espírito de sabedoria, de fortaleza e de paz.*

Todos: *"Damos graças ao Senhor, porque ele é bom; porque eterno é seu amor" (Salmo 118,1).*

Catequista: *Nosso encontro com o Senhor continua por toda a nossa vida na comunidade. Desde o início os primeiros cristãos se reuniam. Vamos ouvir o trecho do livro dos Atos dos Apóstolos, capítulo segundo, versículos quarenta e dois a quarenta e sete, que apresenta o retrato da vida das primeiras comunidades.*

(À medida que se lê o texto, as crianças encenam o que o versículo apresenta.)

Leitor 1: *Eles eram perseverantes em ouvir o ensinamento dos apóstolos, na comunhão fraterna, na fração do pão e nas orações. Apossava-se de todos o temor, e pelos apóstolos realizavam-se numerosos prodígios e sinais. Todos os que abraçavam a fé viviam unidos e possuíam tudo em comum; vendiam suas propriedades e seus bens e repartiam o dinheiro entre todos, conforme a necessidade de cada um. Perseverantes e bem unidos, frequentavam diariamente o templo, partiam o pão pelas casas e tomavam a refeição com alegria e simplicidade de coração. Louvavam a Deus e eram estimados por todo o povo. E, cada dia, o Senhor acrescentava a seu número mais pessoas que eram salvas.*

(Ressalte a importância da vivência da fé na comunidade cristã, lugar da Palavra e da celebração da Eucaristia. Depois, solicite o testemunho de algumas famílias sobre como esta etapa da catequese afetou a família.)

Catequista: *Vamos rezar juntos à Mãe de Deus que nos acompanhou neste tempo de encontro com seu Filho Jesus: Ave, Maria...*

Catequista: *Com amor e confiança, rezemos a oração que nos ensina a reconhecer que tudo vem primeiramente do Pai: Pai nosso...*

Catequista: *Ao redor da mesa, vamos abençoar os alimentos e agradecer este ano de convivência e de descoberta do Senhor. Repitam depois de mim:*

Ó Pai,/ nós vos agradecemos/ pelo nosso grupo de fé,/ porque conhecemos vossa Palavra,/ vosso Filho Jesus/ e a força do Espírito Santo,/ queremos ficar sempre junto a vós na comunidade./ Damos graças por vossa bondade,/ por nossa vida,/ por nossa família/ e por esta mesa com estes alimentos./ Guiai-nos na paz e na alegria/ até a mesa do céu./ Por Cristo, Nosso Senhor./ Amém.

(Se os participantes permanecerem tímidos para partilhar suas vivências, direcione algumas perguntas.)

Catequista: *Houve esforço da família em acompanhar e refazer os encontros em casa? Houve crescimento religioso da criança neste período? Que atitudes novas vocês perceberam em seu comportamento? Estes momentos modificaram o comportamento religioso das pessoas da casa? Que tipos de mudanças ocasionaram?*